AF556308

बाल हनुमान

मुकेश 'नादान'

ग्रंथ अकादमी, नई दिल्ली

प्रकाशक : ग्रंथ अकादमी,
भवन संख्या–19, पहली मंजिल, 2, अंसारी रोड, दरियागंज, नई दिल्ली–110002
 / संस्करण : 2022 / मूल्य : तीन सौ रुपए
मुद्रक : नरुला प्रिंटर्स, दिल्ली ISBN 978-93-83110-86-5

BAL HANUMAN

by Shri Mukesh Nadan ₹ 300.00
Published by Granth Akademi, Building No. 19, First Floor
2, Ansari Road, Daryaganj, New Delhi-110002

...अपनी बात

प्यारे बच्चो।

किसी-न-किसी से तुमने 'रामायण' की कहानियाँ तो अवश्य ही सुनी होंगी। इन कहानियों में राम, सीता, रावण, विभीषण जैसे अनेक पात्रों ने अपनी-अपनी महत्त्वपूर्ण भूमिका निभाई हैं। इसी 'रामायण' में एक मुख्य पात्र 'हनुमान' ने ही माता सीता का पता लगाकर श्रीराम को लंका पर विजय दिलाई थी। इतना ही नहीं, भक्त हनुमान अपने स्वामी श्रीराम की भक्ति में हमेशा ही दृढ़ संकल्प रहे। 'रामायण' में इनके बाल रूप का वर्णन बड़े ही सुंदर ढंग से किया गया है। इनके बचपन से जुड़ी अनेक कथाएँ आज भी हनुमान-भक्तों द्वारा सुनी जा सकती हैं। ऐसी ही कुछ कथाओं को सरल भाषा एवं सुंदर चित्रों सहित हमने इस पुस्तक में प्रस्तुत किया है। ये कथाएँ अवश्य ही बाल पाठकों के लिए रोचक एवं ज्ञानवर्द्धक सिद्ध होंगी।

जय वीर हनुमान!

विनायकम् —मुकेश 'नादान'

506/13, शास्त्रीनगर, मेरठ (उ.प्र.)

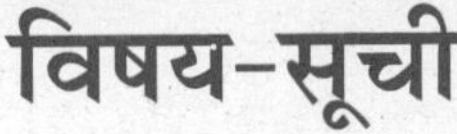

विषय-सूची

हनुमान की जन्म-कथा

राजा दशरथ को इस बात की चिंता हमेशा सताती रहती थी कि विवाह के इतने वर्ष बाद भी उन्हें संतान का सुख प्राप्त नहीं हुआ। अपने वंश का नाम आगे चलाने के लिए उन्हें संतान-प्राप्ति की बड़ी इच्छा थी। उसी इच्छा को पूरा करने के लिए उन्होंने पुत्र-प्राप्ति के लिए गुरु वसिष्ठ की आज्ञा से महर्षि ऋष्यश्रृंग से यज्ञ करवाया। इस यज्ञ में महर्षि ऋष्यश्रृंग ने अत्यंत श्रद्धा और भक्ति से आहुतियाँ दीं, जिनके कारण अग्नि देवता प्रसन्न हुए और हाथ में खीर लेकर साक्षात् रूप में प्रकट होकर राजा दशरथ से बोले, 'तुम्हारी इच्छा अवश्य ही पूरी होगी, राजन्। तुम अपनी रानियों में इस खीर को बाँट दो।'

इस प्रकार अग्नि देवता अपना आशीर्वाद देकर अंतर्धान हो गए।

राजा दशरथ ने अग्नि देवता की आज्ञा का पालन करते हुए खीर को अपनी तीनों रानियों में बाँट दिया।

रानी कैकेयी खीर को हाथ में लेकर कुछ सोच ही रही थीं कि आकाश में उड़ रही एक गिद्धनी ने खीर को झपटकर अपनी चोंच में रख लिया और उड़ गई। यह देखकर कैकेयी बहुत दुःखी हुईं। राजा दशरथ के समझाने पर भी उनका दुःख कम नहीं हुआ। तब राजा दशरथ ने कौशल्या तथा सुमित्रा से खीर का थोड़ा-थोड़ा भाग कैकेयी को दिला दिया। अग्नि देवता के आशीर्वाद और

कृपा से दशरथ की तीनों रानियाँ गर्भवती हो गईं। कौशल्या ने श्रीराम, कैकेयी ने भरत और सुमित्रा ने लक्ष्मण व शत्रुघ्न को जन्म दिया।

इस कथा से संबंधित एक प्रसंग में यह भी बताया गया है कि एक बार वानरराज केसरी ने सुमेरु पर्वत पर अपनी पत्नी अंजना के साथ सहस्त्र वर्षों तक पुत्र-प्राप्ति के लिए तपस्या की, क्योंकि उनके कोई संतान नहीं थी। अंजना की कठिन तपस्या से भगवान् शिव बहुत प्रसन्न हुए और वरदान देकर बोले, 'मेरे ग्यारह रूपों में से एक अंश की प्राप्ति तुम्हें पुत्र के रूप में होगी, जिसमें पवन देवता के सभी गुण होंगे।'

भगवान् शिव ने अंजना को एक मंत्र जाप करने के लिए भी दिया।

एक दिन अंजना अंजलि फैलाकर मंत्र का जाप कर रही थी कि वही गिद्धनी कैकेयी के हिस्से की खीर चोंच में लेकर उड़ती हुई वहाँ पहुँच गई। तभी अचानक ठंडी हवा का झोंका इतनी तेजी से आया कि गिद्धनी ठंड से सिकुड़ने लगी और उसकी चोंच खुल गई तथा खीर बाहर आ गई। अब क्या था! पवन देवता तो पहले से ही अवसर की ताक में थे। उन्होंने खीर को वायु के सहारे अंजना की अंजलि में डाल दिया। इस बात की जानकारी भगवान् शिव ने पहले से ही अंजना को दे रखी थी। इसलिए अंजना ने अवसर का लाभ उठाकर तुरंत खीर को ग्रहण किया और गर्भवती हो गई। इस प्रकार चैत्र शुक्ल मंगलवार की वेला में महावीर हनुमान का जन्म अंजना के गर्भ से हुआ। हनुमानजी भगवान् शिव के अंश के ग्यारहवें रूप थे।

हनुमान की बाल्यावस्था

एक बार वानरराज केसरी किसी कार्यवश बाहर गए हुए थे। अंजना को वन से फल-फूल लाने के लिए जाना पड़ा। उस समय हनुमान अकेले ही थे। जैसे ही हनुमान को भूख लगी तो उन्होंने रोना शुरू कर दिया। तभी अचानक उनकी दृष्टि आकाश में उदय होते हुए सूर्य पर पड़ी। उस समय सूर्य लाल रंग के फल के समान दिखाई पड़ रहा था। इसलिए हनुमान ने सूर्य को लाल रंग का फल समझ लिया।

हनुमान साक्षात् भगवान् शिव का अवतार थे। उड़ने की शक्ति तो हनुमान को पवन देवता से पहले ही प्राप्त हो चुकी थी। अपनी भूख मिटाने के लिए पूरे ब्रह्मांड की दूरी को तय करना उनके लिए बहुत आसान था। इसलिए वे वायु की गति से सूर्य की ओर बढ़ने लगे।

पवन देवता ने हनुमान को सूर्य की ओर बढ़ते हुए देखा तो चिंतित हो गए; क्योंकि उन्हें डर था कि शिशु हनुमान का शरीर सूर्य की किरणों से जल न जाए! इसलिए हनुमान को सूर्य की किरणों से बचाने के लिए पवन देवता हिम के समान शीतल होकर उनके साथ-साथ चलने लगे।

आकाश में उड़ते हुए हनुमान की गति की तीव्रता को देखकर देव और दानव सभी आश्चर्यचकित हो रहे थे कि उनके जैसी गति तो वायु, गरुड़ और मन की भी नहीं है। वास्तव में सभी देवताओं को आश्चर्य तो इस बात का था

कि जब शिशु हनुमान का शैशवावस्था में ही इस प्रकार का वेग व पराक्रम है तो युवावस्था में तो वे संपूर्ण ब्रह्मांड को हिला देंगे।

पवन देवता के सुरक्षा चक्र में जब हनुमान को सूर्य देवता ने अपनी ओर आते हुए देखा तो उन्होंने भी अपनी किरणें हनुमान के स्वागत में शीतल बना लीं। इसलिए हनुमानजी सूर्य के रथ पर सवार होकर उनके साथ क्रीड़ा करने में मगन हो गए।

उस दिन अमावस्या थी और सिंहिका का पुत्र राहु जैसे ही सूर्य को ग्रसने के लिए आया तो उसने बालक हनुमान को सूर्यदेव के रथ पर बैठे हुए देखा। लेकिन राहु बालक हनुमान को अनदेखा करके जैसे ही आगे बढ़ा, हनुमान ने अपनी वज्रमुष्टि में राहु को पकड़ लिया, जिससे राहु छटपटाता हुआ सीधे इंद्र देवता के पास पहुँच गया। तब कहीं जाकर उसकी जान बची।

राहु इंद्र देवता के पास जाकर बोला–

'हे इंद्र देव! आपने सूर्य और चंद्र को मेरी भूख मिटाने के लिए साधन के रूप में मुझे प्रदान किया था। परंतु ऐसा कौन है जिसे आपने मेरा अधिकार छीनकर दे दिया? शायद आप यह नहीं जानते कि जब मैं सूर्य के पास पहुँचा तो वहाँ पहले से ही दूसरा राहु विद्यमान था, जिसके चंगुल से मैं कठिनाई से छूटकर यहाँ तक आया हूँ। अन्यथा आज मेरी मृत्यु निश्चित थी।'

बहुत सोचने पर भी इंद्र देवता को स्मरण नहीं हुआ कि उन्होंने राहु का अधिकार किसी और को दिया है। इसलिए वे सच्चाई का पता लगाने के लिए ऐरावत पर सवार होकर घटनास्थल की ओर चल दिए। राहु इंद्र देवता के साथ होने के कारण पूरे उत्साह के साथ एक बार फिर सूर्य को ग्रसने के लिए आगे

बढ़ा; परंतु पहले से ही विद्यमान हनुमान राहु को भक्ष्य समझकर उस पर झपट पड़े। राहु इंद्र देवता से अपने प्राणों की भीख माँगता हुआ उनके पास जा पहुँचा।

हनुमान तो पहले ही भूख से अत्यंत व्याकुल हो रहे थे। वे ऐरावत को भक्ष्य समझकर उसकी ओर भी झपट पड़े। अब इंद्र देवता डर गए और अपने बचाव के लिए उन्होंने हनुमान की बाईं हनु (ठोड़ी) पर अपने वज्र का प्रहार किया, जिससे हनुमान की ठोड़ी टूट गई और वे मूर्च्छित होकर पर्वत पर गिर पड़े। इसी घटना के कारण पवन पुत्र का नाम इंद्र देवता ने 'हनुमान' रख दिया था।

अपने पुत्र की दुर्दशा देखकर क्रोध के कारण पवनदेव वायु की गति को रोककर, अपने पुत्र को गोद में लेकर गुफा के अंदर चले गए। जैसे ही वायु की गति को पवनदेव ने रोका तो संसार के समस्त प्राणियों का जीवन संकट में पड़ गया। यह देखकर इंद्र और दूसरे देवता, गंधर्व, असुर, नाग आदि सभी ब्रह्मा के पास गए और अपने जीवन की रक्षा के लिए प्रार्थना करने लगे। तब ब्रह्माजी सभी देवताओं के साथ पवन देवता के पास गुफा में आए, जहाँ वे अपने मूर्च्छित पुत्र हनुमान को गोद में लेकर बैठे थे।

ब्रह्माजी को देखकर पवन देव उनके चरणों में गिर पड़े। जैसे ही ब्रह्माजी ने हनुमान के शरीर पर हाथ फेरा, उनकी मूर्च्छा दूर हो गई और वे चैतन्य हो उठे। यह देखकर पवन देव बहुत प्रसन्न हुए और वायु भी पहले के समान बहने लगी।

ब्रह्माजी ने हनुमान को आशीर्वाद देते हुए कहा, 'कोई भी अस्त्र-शस्त्र इस बालक को हानि नहीं पहुँचा सकता और न ही 'ब्रह्मपाश' का इस बालक पर

कोई प्रभाव पड़ेगा। और यह बालक सभी देवताओं के दुःख दूर करेगा। इसलिए सभी देवता आगे बढ़कर इसे वरदान दें।'

इंद्र देव बोले, 'इस बालक का शरीर वज्र से भी कठोर होगा और मेरे वज्र का भी इसके शरीर पर कोई असर नहीं होगा।' इस प्रकार सभी देवता बालक हनुमान को वरदान देकर अपने-अपने लोकों की ओर चले गए।

ऋषियों द्वारा शापित हनुमान

हनुमान बाल्यावस्था में बहुत ही शरारती और चंचल स्वभाव के थे। भगवान् शिव के अवतार होने के साथ वे वानरराज केसरी के पुत्र भी थे। उन्हें देवताओं से अनेक वरदान प्राप्त थे, इसलिए वे किसी भी वस्तु से नहीं डरते थे। उनके अंदर इतनी शक्ति थी कि वे बड़े-से-बड़े पर्वत को भी आसानी से लाँघ जाते थे। कभी वे मृग की पूँछ खींचकर परेशान करते तो कभी किसी हाथी को पकड़कर उसके साथ अपनी शक्ति आजमाते। मोटे-मोटे पेड़ों को जड़ से उखाड़कर फेंकने में हनुमानजी को बड़ा आनंद आता था। वन के सभी प्राणी और जीव-जंतु उनसे बहुत घबराते थे। लेकिन हनुमान कभी किसी को कोई नुकसान नहीं पहुँचाते थे। कोई कमजोर व्यक्ति पर अत्याचार करे तो यह हनुमान को सहन नहीं होता था और वे ऐसे अपराधी को उचित दंड देते थे।

स्वभाव से चंचल होने के कारण बालक हनुमान जब कभी ऋषि-मुनियों के आश्रमों में जाते तो उनकी परेशानी का कारण बन जाते थे। कभी वे ऋषियों के आसन बदल देते तो कभी उनके वस्त्र उठाकर पेड़ पर चढ़ जाते और एक पेड़ से दूसरे पेड़ पर कूदते रहते। कभी ध्यान में लीन किसी मुनि की गोद में बैठकर उसकी दाढ़ी नोच लेते तो कभी किसी मुनि का कमंडलु तोड़ देते और उसका जल बिखेर देते।

कभी-कभी तो हनुमान किसी मुनि की पवित्र पुस्तक उठाकर उसे दाँतों व नाखूनों से नोचकर फाड़ देते थे। मुनियों के परिश्रम से एकत्रित किए गए वस्त्र भी फाड़ देते थे। सभी मुनि हनुमान की शरारतों से परेशान थे। मुनि देवताओं द्वारा उन्हें दिए गए वरदान के विषय में जानते थे, इसलिए वे विवश होकर हनुमान से कुछ नहीं कहते थे।

धीरे-धीरे हनुमान बड़े होने लगे। अब उनकी अवस्था शिक्षा प्राप्त करने की हो गई थी। पिता के बार-बार समझाने पर भी हनुमान की चंचलता में कोई कमी नहीं आई। जब हनुमान के पिता ऋषि-मुनियों के पास गए और उनसे सलाह ली तो ऋषि-मुनियों ने बड़े ही दुःखी मन से अपनी दुःख भरी कहानी सुनाई।

पुत्र की शरारतों के विषय में ऋषियों के मुख से सुनकर हनुमान के पिता बहुत दुःखी हुए और बोले, 'हे तपस्वियो! यह बालक मुझे कठिन तपस्या के द्वारा पुत्र के रूप में प्राप्त हुआ है। यदि आप इस बालक पर दया करें और शिक्षा प्रदान करें तो अवश्य ही इसका स्वभाव बदल जाएगा। इसके लिए हम जीवन भर आपके आभारी रहेंगे।'

सभी ऋषियों ने विचार किया कि यह बालक असाधारण रूप से शक्तिशाली है और इस बालक की यही शक्ति सभी समस्याओं का कारण है। यदि इसकी सारी शक्तियों को भुला दिया जाए तो निश्चित रूप से इस बालक का स्वभाव बदल जाएगा।

कुछ वृद्ध ऋषियों को इस बात की जानकारी थी कि देवताओं को संकटों से उबारने के लिए ही भगवान् शिव ने हनुमान के रूप में अवतार लिया है।

और यही बालक हनुमान एक दिन इस संसार में भगवान् श्रीराम का सबसे बड़ा भक्त कहलाएगा।

ऋषियों का मानना था कि अपनी शक्ति पर घमंड करना सभी बुराइयों की जड़ है और अच्छे काम करने के लिए घमंड का त्याग कर नम्रता को अपनाना चाहिए। इसलिए भृगु और अंगिरा के वंशज ऋषियों ने हनुमान को शाप दिया, 'हनुमान, जिस शक्ति का उपयोग तुम हमें दुःख पहुँचाने के लिए करते हो, उसे तुम लंबे समय तक भूले रहोगे। किसी के द्वारा तुम्हारी शक्ति की याद दिलाने पर ही तुम अपनी शक्ति का उपयोग कर पाओगे।'

इस प्रकार ऋषियों द्वारा शाप दिए जाने पर हनुमान सुशील व नम्र बन गए और उन्होंने सभी को परेशान करना छोड़ दिया। हनुमान के स्वभाव में इस परिवर्तन को देखकर ऋषियों ने प्रसन्नता का अनुभव किया और वे हनुमान को अपने आश्रम के आस-पास देखकर बहुत प्रसन्न होते थे।

बालक राम और हनुमान

हनुमान बचपन से ही तीव्र बुद्धि के बालक थे, इसलिए हनुमान को शिक्षा प्राप्त करने के लिए सूर्यदेव के पास भेज दिया गया। तीव्र बुद्धि होने के कारण हनुमान बहुत कम समय में ही सूर्य देव की कृपा से सभी वेदों एवं शास्त्रों में पारंगत हो गए।

शिक्षा समाप्त करने के बाद हनुमान ने सूर्यदेव को प्रणाम करके उन्हें गुरुदक्षिणा लेने का निवेदन किया। हनुमान का निवेदन सुनकर सूर्यदेव बहुत प्रसन्न हुए और बोले, 'वत्स! मुझे अपने लिए तो कुछ भी नहीं चाहिए; किंतु सुग्रीव मेरे ही अंश से उत्पन्न हुआ है। इसलिए मैं चाहता हूँ कि जीवन के हर मोड़ पर तुम उसका साथ निभाओ तो मुझे बहुत प्रसन्नता होगी।'

सूर्यदेव की बात सुनकर हनुमान बोले, 'गुरुदेव, आपकी हर इच्छा को पूरा करना मेरा धर्म है। मेरे होते हुए सुग्रीव को कोई छू भी नहीं सकता।'

इस प्रकार हनुमान सूर्यदेव को वचन देकर वहाँ से चले गए। इसी कारण हनुमान ने सुग्रीव से मित्रता की।

भगवान् राम साक्षात् विष्णु का अवतार थे। इसलिए भगवान् शिव अयोध्या की गलियों में अनेक रूपों में राम के दर्शन करने के लिए घूमा करते थे। कभी साधु के वेश में राम के दर्शनों की इच्छा से राजा का भविष्य बताने जाते तो

कभी ज्योतिषी बनकर राजमहल जाते और श्रीराम के अलौकिक हस्त-पद्म छूकर सुख का अनुभव करते।

एक दिन भगवान् शिव राजद्वार पर अपने साथ एक वानर को लेकर मदारी के वेश में आए और जोर-जोर से डमरू बजाने लगे। मदारी के डमरू बजाने पर वानर ने अपने हाथ जोड़कर सबको प्रणाम किया और नाचने लगा। बालक राम अपने भाइयों के साथ वानर का खेल देख रहे थे। उन्हें वानर का खेल बहुत अच्छा लगा और वे हँसने लगे।

वास्तव में भगवान् शिव एक ही स्थान पर कई रूप धारण करने में समर्थ हैं। भगवान् शिव ने मदारी और वानर दोनों का रूप धाारण कर लिया था। वे अपने आराध्य देव भगवान् विष्णु के अवतार राम के सामने नृत्य भी कर रहे थे और नृत्य करने के लिए उत्साहित भी कर रहे थे। खेल देखकर राम बहुत प्रसन्न हुए और उस वानर को लेने का हठ करके हनुमान को पा लिया। इस प्रकार हनुमान और राम बहुत समय तक साथ-साथ रहे।

धीरे-धीरे हनुमान और श्रीराम दोनों ही बड़े होकर युवावस्था को प्राप्त हो गए। जब श्रीराम महर्षि विश्वामित्र के साथ वन जाने लगे तो हनुमान से बोले, 'प्रिय हनुमान, तुम मेरे सच्चे मित्र हो। अब मुझे अपने अवतार लेने के उद्देश्य को पूरा करना चाहिए। बहुत समय से रावण अत्याचार कर रहा है। ऋषियों, मुनियों और देवताओं का जीना कठिन हो गया है। इस दुष्ट राजा के अत्याचारों से इस धरती को मुक्त कराने के लिए मुझे रावण का वध करना होगा। इस कार्य को पूरा करने के लिए मुझे तुम्हारी आवश्यकता पड़ेगी। इस समय बालि

और रावण में गहरी मित्रता है। मैं सुबाहु, ताड़का, मारीच, खर-दूषण, त्रिशिरा और शूर्पणखा का उद्धार करके फिर तुमसे मिलूँगा। तब तुम मेरी और सुग्रीव की मित्रता करवा देना। तब वानर और भालुओं की सेना के द्वारा मेरा उद्देश्य पूर्ण होगा।'

हनुमान राम से अलग होना नहीं चाहते थे। किंतु उन्हें भगवान् राम की आज्ञा माननी पड़ी। भगवान् विष्णु ने असुरों व राक्षसों का उद्धार करने के लिए श्रीराम के अवतार के रूप में जन्म लिया तो भगवान् शिव ने राम की सेवा करने के लिए हनुमान के रूप में अवतार लिया। इस प्रकार हनुमान ने भगवान् राम के चरणों में प्रणाम किया और ऋष्यमूक पर्वत की ओर चल दिए।

सुग्रीव के साथ हनुमान

जिस समय खर-दूषण, विराध और रावण जैसे शक्तिशाली असुरों का राज्य था तथा जिन्होंने हर जगह अपना आतंक फैला रखा था, उस समय हनुमान ने पंपापुर में प्रवेश किया।

बाली और सुग्रीव ने हनुमान का भव्य स्वागत किया। बाली और सुग्रीव दोनों भाइयों में बहुत प्रेम था। सुग्रीव अपने बड़े भाई का बहुत आदर करते थे। बड़ा होने के कारण बाली सुग्रीव से अत्यंत प्रेम करते थे। यद्यपि हनुमान बाली की अद्वितीय शक्ति के कारण उससे मित्रता करना चाहते थे; परंतु सूर्यदेव को दिए गए वचन के कारण हनुमान ने हमेशा सुग्रीव का साथ निभाया।

एक दिन आधी रात के समय मय का पुत्र मायावी किष्किंधा नगरी के द्वार पर पहुँचकर गरजता हुआ बाली को युद्ध के लिए ललकारने लगा। युद्ध की ललकार सुनकर बाली को इतना क्रोध आया कि वह युद्ध के लिए तैयार हो गया। बाली को क्रोध से अपनी ओर आता हुआ देखकर मायावी डरकर भागने लगा और एक गुफा के अंदर घुस गया। परंतु बाली मायावी को मारने के लिए उसका पीछा करते हुए उसी गुफा में प्रवेश कर गया और सुग्रीव को गुफा से बाहर पहरे पर खड़ा कर दिया। बाली ने सुग्रीव को आज्ञा दी कि वह गुफा के बाहर पंद्रह दिनों तक उसकी प्रतीक्षा करे।

सुग्रीव बाली से बहुत प्रेम करता था, इसलिए उसने तीस दिनों तक बाली की प्रतीक्षा की। तीस दिन बीत जाने पर भी जब बाली गुफा से बाहर नहीं आया तो सुग्रीव ने सोचा कि निश्चय ही मायावी ने बाली को मार दिया है और वह गुफा से बाहर निकलकर उसकी भी हत्या कर देगा। इसलिए सुग्रीव ने गुफा के द्वार को एक बड़ी चट्टान से बंद कर दिया और दु:खी मन से किष्किंधा वापस लौट आया।

बाली के मंत्रियों ने सोचा कि राजाविहीन राज्य पर कोई शत्रु अधिकार न कर ले, इसलिए उन्होंने सुग्रीव को राजा बना दिया। उस समय बाली-पुत्र अंगद की आयु बहुत कम थी, इसलिए सुग्रीव को सबकी सहमति से राजा बनाया गया।

बहुत समय बाद जब बाली मायावी और दूसरे बड़े-बड़े राक्षसों को मारकर लौटा तो उसने सुग्रीव को राजगद्दी पर बैठे देखा। अब तो उसके क्रोध की सीमा न रही। बाली सुग्रीव के विषय में न जाने क्या-क्या सोचने लगा! उसने सोचा कि सुग्रीव ने गुफा के द्वार को चट्टान से इसीलिए बंद किया होगा, ताकि वह राज्य का सुख भोग सके।

क्रोध से आगबबूला होकर बाली ने सुग्रीव से कहा कि, 'अरे दुष्ट, नीच, तू बहुत स्वार्थी है। मेरी स्त्री पर तेरी बुरी दृष्टि थी। तेरे मन में राज्य के भोग-विलास की इच्छा जाग्रत् हो गई थी। इसीलिए तू गुफा के द्वार को चट्टान से बंद करके आ गया, जिससे मैं गुफा से बाहर आकर तेरे रास्ते का काँटा न बन सकूँ!'

सुग्रीव के सारी बात सच बोलने पर भी बाली ने उसकी किसी बात पर भी विश्वास नहीं किया। वह सुग्रीव की हत्या करने को तत्पर हो गया। सुग्रीव कठिनाई से अपनी जान बचाकर भागने में सफल हुआ। किंतु फिर भी बाली सुग्रीव की हत्या करने के इरादे से उसे चारों ओर ढूँढ़ता रहा। फिर भी हनुमान ने इस संकट के समय में सुग्रीव का साथ नहीं छोड़ा।

हनुमान ने सुग्रीव को मतंग मुनि के आश्रम में शरण लेने की सलाह दी; क्योंकि हनुमान मतंग मुनि द्वारा दुंदुभि–वध के संदर्भ में दिए गए शाप के बारे में जानते थे कि–'यदि बाली इस आश्रम के परिसर में कभी प्रवेश करेगा तो उसके सिर के टुकड़े–टुकड़े हो जाएँगे।'

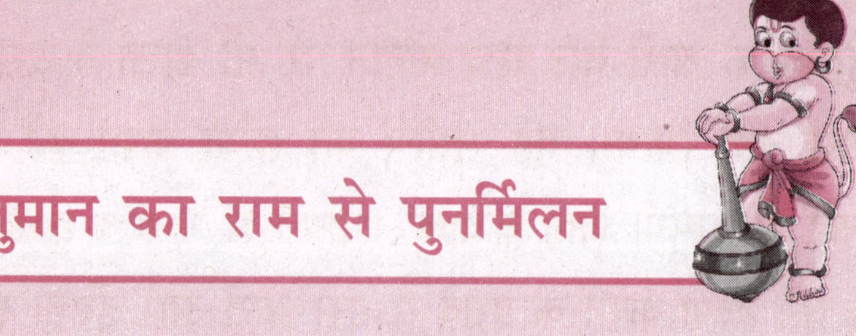

हनुमान का राम से पुनर्मिलन

कहा जाता है कि भगवान् विष्णु ने राक्षसों को मारने के लिए राम के रूप में अवतार लिया था। अपने पिता की आज्ञा का पालन करने के लिए राम को पत्नी सीता और छोटे भाई लक्ष्मण के साथ वन में जाना पड़ा। भरत ने राम, सीता और लक्ष्मण को अयोध्या वापस लाने का बहुत प्रयास किया, किंतु सफल नहीं हुए। अंत में भरत राम के दृढ़ निश्चय को देखकर उनकी खड़ाऊँ लेकर नंदीग्राम नामक गाँव में लौट आए। एक आज्ञाकारी भाई का कर्तव्य निभाते हुए भरत ने पूरी भक्ति और श्रद्धा के साथ राम की खड़ाऊँ एक सिंहासन पर रख दीं और राज्य का कार्य करने लगे।

ऋषि-मुनियों के संपर्क में प्रभु श्रीराम तेरह वर्षों तक चित्रकूट और दंडकारण्य में घूमते रहे। उन्होंने इसी समय अनेक राक्षसों का वध किया। राम ने पृथ्वी पर जन्म ही राक्षसों का वध करने के लिए लिया था और उन्होंने इस उद्देश्य को भली प्रकार निभाया। जहाँ कहीं भी असुर तपस्वी और ऋषि-मुनियों को कष्ट पहुँचाते अथवा उन पर अत्याचार करते, राम वहीं पर पहुँचकर असुरों को मारकर उनकी रक्षा करते थे।

राम को डर था कि कभी अयोध्यावासी उनसे वापस लौटने का आग्रह करें, इसलिए उन्होंने बहुत घने वनों में जाने का निश्चय किया। अगस्त्य मुनि की

सहमति से राम ने पंचवटी जाने का निश्चय कर लिया। पिता दशरथ के परम मित्र जटायु ने उन्हें पंचवटी पहुँचाने में मदद की। पंचवटी पहुँचने पर वन में शांतिपूर्ण जीवन व्यतीत करने के लिए लक्ष्मण ने एक सुंदर कुटिया का निर्माण किया और वे सभी उसमें रहने लगे।

प्रकृति के स्वच्छ व पवित्र वातावरण में वे तीनों शांतिपूर्वक जीवन व्यतीत कर रहे थे कि एक दिन वहाँ पर शूर्पणखा नाम की राक्षसी आ पहुँची।

शूर्पणखा राम का अलौकिक रूप व सौंदर्य देखकर उन पर मोहित हो गई और स्वयं को एक सुंदर स्त्री के रूप में परिवर्तित करके श्रीराम से पत्नी के रूप में स्वीकार करने की विनती करने लगी। प्रभु राम तो स्वयं ही विष्णु का रूप थे, इसलिए वे शूर्पणखा की सच्चाई जानते थे। अत: उन्होंने जानबूझकर शूर्पणखा को लक्ष्मण के पास भेज दिया और लक्ष्मण ने दोबारा शूर्पणखा को राम के पास भेज दिया।

दोनों भाइयों के बीच बार-बार आने-जाने से शूर्पणखा को बहुत क्रोध आया और उसने अपना वास्तविक राक्षसी का रूप बना लिया। पास में ही सीताजी बैठी हुई थीं। शूर्पणखा उन्हें मारने के लिए झपटी। किंतु राम का संकेत पाकर लक्ष्मण ने अपनी तलवार निकालकर शूर्पणखा के नाक और कान काट लिये।

क्रोधित शूर्पणखा ने अपने भाई खर से कहा, 'राजा दशरथ के पुत्र राम और लक्ष्मण, जो अत्यंत सुंदर, बलवान् और युवा हैं, उन दोनों के साथ एक अत्यंत सुंदर स्त्री भी है, जिसके कारण उन्होंने मेरी यह दुर्दशा की है। उन तीनों का रक्त पीकर ही मेरा क्रोध शांत होगा।'

शूर्पणखा की दुर्दशा देखकर खर ने क्रोध से लाल होकर चौदह शक्तिशाली राक्षसों को राम, लक्ष्मण और सीता की हत्या करने के लिए भेज दिया। वहाँ राम

का राक्षसों के साथ घमासान युद्ध हुआ। इस युद्ध में प्रभु श्रीराम ने खर-दूषण और त्रिशिरा को सारी सेना के साथ मौत के घाट उतार दिया।

खर-दूषण की सारी सेना के मारे जाने के बाद किसी प्रकार अकंपन नाम का राक्षस बच गया और वह भागकर लंका पहुँच गया तथा सारी घटना रावण को विस्तार से बता दी। अकंपन ने सीता के अद्‍भुत रूप-सौंदर्य का वर्णन करते हुए रावण से सीता का हरण करने के लिए कहा। सीता-हरण का यह प्रस्ताव रावण को बहुत पसंद आया। अतः रावण ने सीता का हरण करने के लिए ताड़का-पुत्र मारीच की सहायता लेने का निश्चय किया।

मारीच ने रावण को बहुत समझाने की कोशिश की और कहा, 'जिस राम ने खर-दूषण, त्रिशिरा और दूसरे चौदह राक्षसों को गाजर-मूली की तरह काटकर मौत के घाट उतार दिया और उस स्थान को राक्षस-विहीन करके ऋषि-मुनियों के लिए सुरक्षित बना दिया, वह श्रीराम कोई साधारण पुरुष नहीं हैं।'

रावण ने मारीच की बात पर कोई ध्यान नहीं दिया। मारीच पर-स्त्री पर कुदृष्टि डालना पाप समझता था। फिर भी, मारीच को रावण के इस पाप-कर्म में साथ देना पड़ा।

रावण ने मारीच को स्वर्ण मृग का रूप बनाकर सीता को रिझाने के लिए भेज दिया। सुनहरे मृग को पंचवटी के पास घूमते हुए जब सीता ने देखा तो वे उसे लेने का हठ करने लगीं और राम भी बिना सोचे-समझे मृग को पकड़ने के लिए चले गए। उन्होंने सीताजी की सुरक्षा का दायित्व लक्ष्मण को सौंप दिया।

इंद्रधनुष के समान चमकते हुए मृग को देखकर प्रभु श्रीराम ने अपने मन को भ्रमित होने दिया। भगवान् विष्णु का अवतार होने पर भी राम मनुष्य रूप में थे, इसलिए वे भ्रमित होकर मृग के पीछे दौड़ते हुए बहुत दूर तक चले गए।

सुनहरे मृग का यही प्रयास था कि वह राम को कुटिया से बहुत दूर ले जाए। जब तक राम यह समझ पाए कि मृग उन्हें भ्रमित कर रहा है, तब तक वे घने वन में प्रवेश कर चुके थे। इसलिए राम ने एक बाण मृग की दिशा में छोड़ दिया। जैसे ही बाण मृग को लगा, वह मारीच के रूप में परिवर्तित हो गया और राम की आवाज में 'हे लक्ष्मण, हे सीता! मेरी रक्षा करो' की आवाज निकालने लगा।

अब तो राम समझ गए कि अवश्य कुछ बात है और वे तुरंत अपनी कुटिया की ओर दौड़ने लगे। इधर राम की पीड़ा भरी आवाज को सुनकर सीताजी उनकी सहायता के लिए लक्ष्मण को भेज चुकी थीं। लक्ष्मण राम की सहायता के लिए जाते समय कुटिया के चारों ओर रेखा खींचकर उसे पार न करने का आदेश सीताजी को देकर गए थे।

रावण ने जब सीताजी को कुटिया में अकेला देखा तो छल से उन्हें हरण कर लिया। सीता-हरण का कार्य बिलकुल रावण की योजना के अनुसार ही हुआ।

सीताजी की खोज में रोते-बिलखते राम-लक्ष्मण क्रौंचारण्य पहुँच गए। वहाँ अयोमुखी राक्षसी ने लक्ष्मण के सामने विवाह का प्रस्ताव रखा, जिसे सुनकर लक्ष्मण क्रोध से लाल हो गए और अयोमुखी के भी नाक-कान काटकर उसे घायल कर दिया।

राक्षसी को दंड देने के बाद राम-लक्ष्मण आगे घने वनों की ओर बढ़े तो वहाँ उनका सामना कबंध नामक राक्षस से हुआ। कबंध राक्षस राम और लक्ष्मण को देखकर बहुत प्रसन्न हुआ और बोला, 'हे राजकुमारो, मैं भूख से अत्यंत व्याकुल हो रहा हूँ और भाग्य से तुम दोनों मेरी भूख मिटाने के लिए स्वयं ही आ गए हो। आओ, दोनों मेरे मुख में समाकर मेरी भूख को शांत कर दो।'

कबंध राक्षस को देखकर लक्ष्मण ने राम से कहा, 'भैया, यदि हमने इस राक्षस की दोनों भुजाएँ नहीं काटीं तो यह हमें खा जाएगा।'

इस प्रकार राम और लक्ष्मण ने कबंध राक्षस की दोनों भुजाएँ काटकर उसे मृत्यु के घाट उतार दिया।

कबंध अपने असली रूप में आ गया और राम को ऋष्यमूक पर्वत पर जाने की सलाह देते हुए कहा, 'हे प्रभु! आप ऋष्यमूक पर्वत पर जाकर सुग्रीव से मित्रता करें। वहाँ सुग्रीव सीता की खोज में आपकी सहायता अवश्य करेंगे।'

राम-सुग्रीव मित्रता

सीता की खोज में भटकते-भटकते राम-लक्ष्मण जैसे ही ऋष्यमूक पर्वत पर पहुँचे, तभी हनुमान ने ब्राह्मण का रूप बनाकर उनका रास्ता रोक लिया। श्रीराम ने तो हनुमान को पहचान लिया, क्योंकि वे तो अंतर्यामी हैं, किंतु हनुमान श्रीराम को न पहचान सके। जैसे ही हनुमान को पता चला कि ये साक्षात् श्रीराम हैं तो वे अपने वास्तविक रूप में आ गए और श्रीराम के चरणों में प्रणाम करके बोले, 'प्रभु! मैं वानरराज सुग्रीव का मंत्री हनुमान हूँ। आप कृपया मेरे साथ चलें। सीता माता की खोज में महाराज सुग्रीव अवश्य ही आपकी सहायता करेंगे।'

हनुमान ने कहा कि 'हे प्रभु! ऋष्यमूक पर्वत पर जाने का रास्ता बहुत कठिन है, इसलिए आप इस सेवक के कंधे पर बैठ जाएँ। मैं आपको वायुमार्ग से उस पर्वत पर शीघ्र ले जाऊँगा।'

हनुमान ने अपना आकार बड़ा किया और राम व लक्ष्मण को अपने कंधे पर बैठाकर वायुमार्ग से शीघ्र ही ऋष्यमूक पर्वत पर पहुँचकर एक सुंदर बगीचे में बैठा दिया और वहाँ तुरंत सुग्रीव को लेकर आए।

इसके बाद हनुमान ने एक-दूसरे का परिचय कराया। महाराज सुग्रीव को जब यह पता चला कि स्वयं प्रभु श्रीराम भी उनसे मित्रता करना चाहते हैं तो उनकी आँखों से आँसू बहने लगे। प्रभु श्रीराम और वानरराज सुग्रीव दोनों को एक-दूसरे की सहायता की आवश्यकता थी। हनुमान ने राम-सुग्रीव के बीच में

अग्नि प्रज्वलित करके आहुति देकर, अग्नि को साक्षी मानकर, मित्रता के अटूट बंधन में बाँध दिया। इस प्रकार राम और सुग्रीव दोनों ने एक-दूसरे की सहायता करने का वचन दिया।

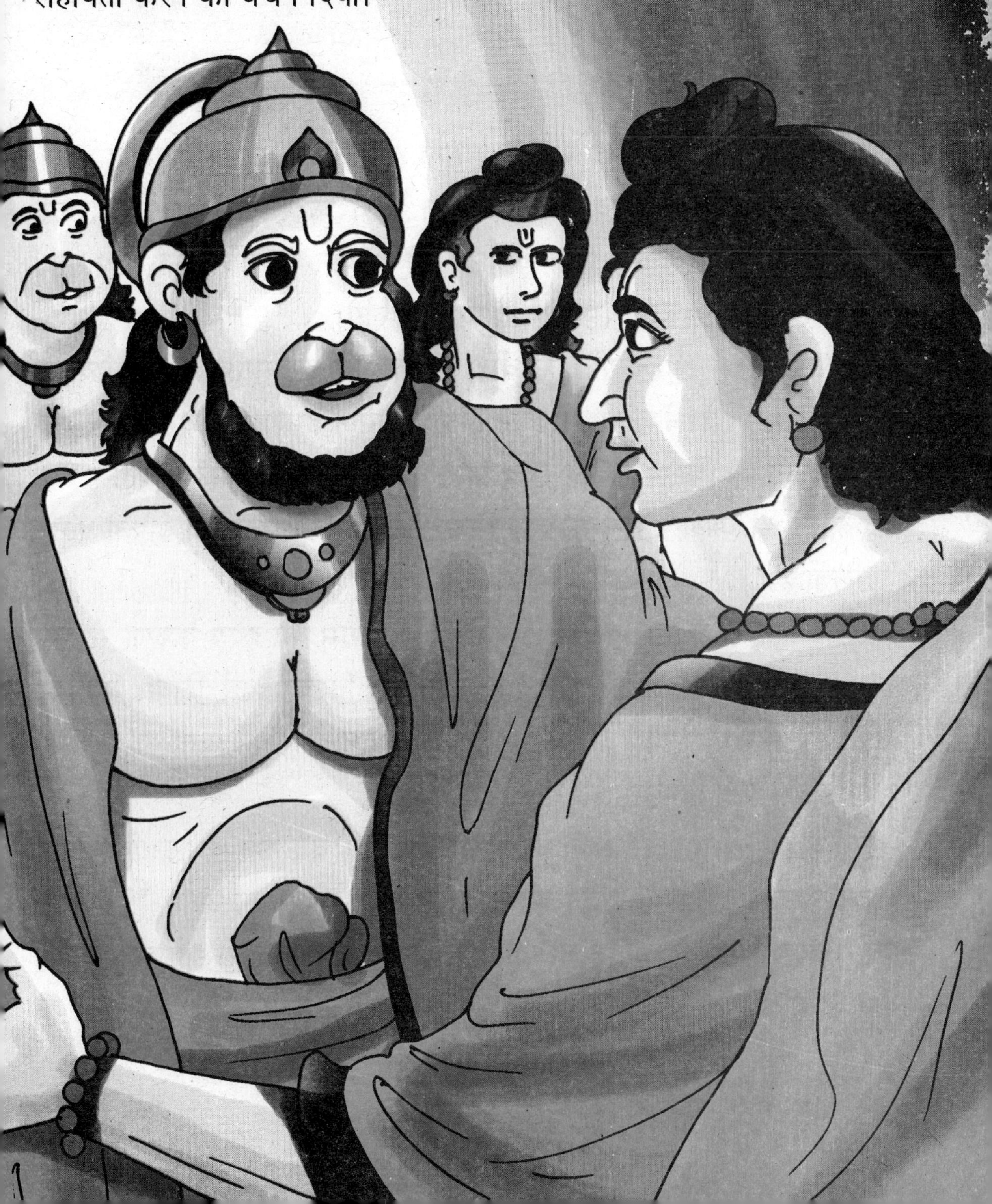

सुग्रीव के मंत्री हनुमान

हनुमान के हृदय में सुग्रीव के प्रति स्वामी-भक्ति कूट-कूटकर भरी हुई थी। जिस समय बाली ने सुग्रीव की पत्नी का हरण करके उसे धक्के मारकर किष्किंधा से बाहर निकाल दिया था, तब भी हनुमान ने सुग्रीव का साथ नहीं छोड़ा और उसके साथ ऋष्यमूक पर्वत पर रहने लगे।

हनुमान ने राम और सुग्रीव के बीच मित्रता कराकर सुग्रीव को किष्किंधा का राज्य वापस दिलाने में भी योगदान दिया। हनुमान हमेशा सुग्रीव के भले की ही बात कहते थे। किष्किंधा का राज्य प्राप्त करके सुग्रीव ने राम को बताया कि बिना कारण ही बाली ने उसे राज्य से निकालकर उसकी पत्नी को अपनी पत्नी बना लिया है।

सुग्रीव की दुःख भरी कहानी सुनकर प्रभु श्रीराम का हृदय करुणा से भर गया और उन्होंने सुग्रीव की सहायता करने का निश्चय कर लिया; क्योंकि श्रीराम की दशा भी सुग्रीव के समान ही थी। श्रीराम दूसरे की पत्नी पर कुदृष्टि डालना सबसे बड़ा पाप समझते थे।

सुग्रीव प्रभु श्रीराम की अलौकिक शक्ति से परिचित नहीं था। इसलिए वह हनुमान से बोला, 'जो भी लड़ने की इच्छा से बाली के सामने आता है, उसकी आधी शक्ति बाली को प्राप्त हो जाती है। फिर श्रीराम बाली का वध किस प्रकार करेंगे?'

रामभक्त हनुमान को श्रीराम की शक्ति पर पूरा-पूरा भरोसा था। इसलिए उन्होंने सुग्रीव से कहा, 'संपूर्ण ब्रह्मांड में एकमात्र श्रीराम ही बाली का वध करने की शक्ति रखते हैं।'

फिर भी सुग्रीव के मन में राम की शक्ति को लेकर बराबर संदेह बना रहा। इसलिए सुग्रीव ने श्रीराम से अपनी शक्ति की परीक्षा देने को कहा। विनम्रता की मूर्ति श्रीराम अपनी शक्ति की परीक्षा देने को तुरंत तैयार हो गए।

सुग्रीव ने प्रभु श्रीराम से कहा, 'एक बार दुंदुभि नाम के राक्षस ने किष्किंधा के द्वार पर आकर बाली को द्वंद्वयुद्ध के लिए ललकारा। वरदान के अनुसार, दुंदुभि के शरीर की आधी शक्ति बाली के शरीर में आ गई। इसके बाद बाली ने दुंदुभि को मारकर उसके मृत शरीर को अपने शक्तिशाली हाथों से उठाकर एक योजन दूर फेंक दिया। यदि आप इन अस्थियों को अपने एक पाँव

की शक्ति से दो सौ योजन की दूरी तक फेंक दें तो मुझे आपकी शक्ति पर पूरा-पूरा भरोसा हो जाएगा।'

अब तो श्री राम को अपनी शक्ति का परिचय देने में जरा भी देर नहीं लगी। उन्होंने तुरंत दुंदुभि की अस्थियों को पैर के अँगूठे पर टिकाकर हवा में इस प्रकार उछाला कि वे अस्थियाँ दो सौ योजन की दूरी पर जाकर गिरीं। सुग्रीव प्रभु श्रीराम की शक्ति को आश्चर्यचकित नेत्रों से देखते रहे।

इसके बाद सुग्रीव ने श्रीराम की धनुर्विद्या की परीक्षा लेने के उद्‌देश्य से कहा, 'यदि आप इन सात वृक्षों में से एक वृक्ष का तना बेध दें तो मुझे आपकी शक्ति एवं क्षमता पर विश्वास हो जाएगा।'

प्रभु श्रीराम ने एक ही पंक्ति में खड़े साल के उन सातों वृक्षों को देखा, जिनका आकार बहुत बड़ा था। देखने में लगता था कि सातों वृक्ष वेदों से भी पहले समय के थे और लगभग चार प्रलय झेल चुके थे। श्रीराम ने एक ही बाण से सातों वृक्षों के तनों को बेध डाला।

प्रभु श्रीराम के इस अलौकिक प्रदर्शन को देखकर सुग्रीव को विश्वास हो गया कि श्रीराम अवश्य ही उसकी सहायता कर सकते हैं। उसने प्रसन्न होकर माता सीता की खोज करने और उन्हें रावण की कैद से मुक्त कराने का वचन दिया। इस प्रकार सुग्रीव ने श्रीराम की ओर मित्रता का हाथ बढ़ा दिया।

प्रभु श्रीराम ने सुग्रीव को सलाह दी कि वह बाली को मल्ल-युद्ध के लिए ललकारे। और जब बाली तथा सुग्रीव युद्ध करेंगे तो वे बाली पर बाण का प्रहार करेंगे और उसे मार डालेंगे।

जब बाली तथा सुग्रीव का मल्ल-युद्ध प्रारंभ हुआ तो रंग, रूप और

आकार में दोनों भाइयों के एक समान होने के कारण प्रभु श्रीराम उनमें अंतर नहीं कर पाए, जिसके कारण सुग्रीव को बाली ने बहुत मारा और सुग्रीव को घोर अपमान सहना पड़ा।

मल्ल-युद्ध में घायल और अपमानित होकर सुग्रीव अपनी जान बचाकर भाग आए। दूसरे दिन श्रीराम ने दोनों भाइयों में अंतर करने के लिए सुग्रीव के गले में फूलों की माला पहनाकर युद्ध के लिए भेज दिया। दोनों भाइयों में जमकर युद्ध हुआ। बाली ने जैसे ही सुग्रीव को गरदन और कमर से पकड़कर चट्टान पर फेंकने के लिए हवा में उठाया, उसी समय राम ने पेड़ों के पीछे छिपकर अपने तूणीर से एक बाण निकाला और बाली को मारने के लिए छोड़ दिया। बाण सीधा बाली की छाती में जाकर लगा और वह धराशायी हो गया।

मृत्यु के समय बाली ने अपनी गलती के लिए श्रीराम से क्षमा माँगी और उनसे प्रार्थना की कि वह सुग्रीव पर अपनी कृपा हमेशा बनाए रखें। सुग्रीव और हनुमान सीता माता की खोज में उनके सहायक बनेंगे।'

श्रीराम ने सुग्रीव को किष्किंधा की राजगद्दी पर बैठाकर अंगद को सभा में यथोचित स्थान दिला दिया। हनुमान सुग्रीव के महामंत्री बने।

हनुमान द्वारा सीता की खोज

सीताजी की खोज में जब श्रीराम और लक्ष्मण दर-दर की ठोकरें खाते फिर रहे थे, तभी उनकी भेंट जटायु से हुई। जटायु ने उन्हें बताया कि लंका का राजा रावण सीताजी को बलपूर्वक उठाकर ले गया है। उन्होंने रावण को रोकने का बहुत प्रयास किया, लेकिन रोक नहीं पाए। परंतु उन्होंने रावण को सीताजी का हरण करके ले जाते हुए देखा है।

जटायु ने बताया कि रावण महर्षि विश्रवा का पुत्र और कुबेर का भाई है। उसने बताया कि लंका एक द्वीप है। लंका के द्वार बहुत ही अनोखे हैं। वहाँ पर सोने के बने हुए अत्यंत विशाल भवन हैं और भवन के अंदर सोने के चबूतरे बने हुए हैं।

सीताजी का पता तो चल गया, लेकिन समस्या यह थी कि विशाल समुद्र को पार करके लंका में कौन प्रवेश करे? अंत में गज, गवाक्ष, गवय, शरभ, गंधमादन, मैंद, द्विविद, जांबवान् और सुषेण ने बताया कि अंगद, जो कि सबसे तेज उड़ सकते हैं, वे भी समुद्र पार करने में असमर्थ हैं। तब जांबवान् ने हनुमान को ही समुद्र पार करके लंका जाने के लिए चुना और उन्हें उनकी उड़ने की क्षमता व शक्ति को याद दिलाया, जिसे हनुमान बचपन में चंचल स्वभाव होने के कारण ऋषियों के शाप द्वारा भूल चुके थे।

जांबवान् के द्वारा याद दिलाने पर हनुमान को सारी शक्ति स्मरण हो आई।

और वे राम नाम की अँगूठी लेकर तथा बहुत बड़ा रूप बनाकर, समुद्र को पार करने के लिए पर्वत की चोटी पर चढ़ गए। इस समय हनुमान श्रीराम के कार्य में एक क्षण की देरी भी नहीं करना चाहते थे।

हनुमान का शक्ति-ज्ञान

सीता जी की खोज में दक्षिण दिशा में जानेवाले वानर समूह के सामने सबसे बड़ी समस्या समुद्र को पार करने की थी। नल, नील, अंगद आदि बड़े-बड़े योद्धाओं में से किसी भी योद्धा में इतनी हिम्मत नहीं थी कि वह विशाल समुद्र को पार कर सके। सभी वानर यह सोचकर दुःखी थे कि यदि सीताजी की खोज किए बिना वापस लौटे तो अवश्य ही महाराज सुग्रीव मृत्यु-दंड देंगे। उनके सामने समुद्र को लाँघने को कोई रास्ता नहीं था, इसलिए पूरी वानर सेना दुःखी और निराश होकर समुद्र के किनारे बैठ गई।

तब जांबवान् ने कहा कि जिसकी छलाँग सबसे लंबी होगी, वही समुद्र लाँघ सकता है। इसमें निराश होने की कोई बात नहीं है। प्रभु श्रीराम की कृपा से कोई-न-कोई रास्ता अवश्य निकल आएगा। इतना कहकर जांबवान् ने देखा कि हनुमान एक पहाड़ी पर चिंतित बैठे थे। जांबवान् ने हनुमान से कहा कि 'हे पवनपुत्र हनुमान! तुम किस सोच में बैठे हो? इस दुःख के समय में केवल तुम ही हमारी सहायता कर सकते हो। तुम वायुमार्ग से इस समुद्र को आसानी से पार कर सकते हो। क्या तुम्हें अपनी शक्ति का ज्ञान नहीं है?'

ऋषियों के शाप से हनुमान अपनी शक्ति को भूल चुके थे। उन्हें उसी शक्ति की याद दिलाते हुए जांबवान् बोले, 'बचपन में तुमने सूर्य को लाल रंग

का फल समझकर मुख में रख लिया था, जिसके कारण तीनों लोकों में अंधकार छा गया था। आकाश की लंबाई को नापनेवाले हनुमान के लिए इस समुद्र को लाँघना कौन सी बड़ी बात है? तुम सुग्रीव के समान पराक्रमी हो और तेज व बल में श्रीराम और लक्ष्मण के समान हो। तुम्हारा तेज, बल, बुद्धि, धैर्य सबसे अधिक है। प्रभु श्रीराम का यह काम तुम्हें करना ही होगा। हे महाबली! तुम ही सीताजी को खोजने के लिए इस विशाल समुद्र को पार करो। इस संसार में कोई भी कार्य तुम्हारे लिए कठिन नहीं है। इस पृथ्वी पर तुम्हारा जन्म श्रीराम के कार्य के लिए ही हुआ है। वायु के समान गतिशील हनुमान, अपनी बुद्धि और विवेक को पहचानो और समुद्र को पार करो।'

बार-बार जांबवान् ने हनुमान को उनकी भूली हुई शक्ति के बारे में ज्ञान कराया। जैसे ही हनुमान को अपनी भूली हुई शक्तियों का स्मरण हुआ, वे हर्ष से उछल पड़े। उनके मुख पर एक अद्भुत तेज चमकने लगा। उन्होंने देखते-ही-देखते अपना शरीर विशाल पर्वत के आकार का कर लिया और 'जय श्रीराम', 'जय श्रीराम' का नारा लगाने लगे। हनुमान ने जांबवान् से प्रार्थना की कि वे उनका मार्गदर्शन करें। इस प्रकार जांबवान् से आज्ञा लेकर हनुमान महेंद्र पर्वत पर चढ़ गए और वायुमार्ग से आकाश में उड़ने लगे।

हनुमान द्वारा मैनाक पर्वत का स्पर्श

सीताजी की खोज में जिस समय हनुमान अत्यंत ही तीव्र वेग से समुद्र पार कर रहे थे तो समुद्र में स्थित मैनाक पर्वत ने सोचा कि मुझे भी प्रभु श्रीराम के कार्य से जा रहे हनुमान की सहायता करनी चाहिए। इसलिए मैनाक पर्वत ने समुद्र के बीच में से उभरकर हनुमान का रास्ता रोक लिया और बोला, 'हे पवनपुत्र हनुमान! आप बहुत दूर से और अत्यंत तीव्र वेग से समुद्र पार कर रहे हैं। मुझे ज्ञात है कि आपको अभी बहुत दूर जाना है। इसलिए मेरी आपसे विनती है कि कुछ देर मुझ पर ठहरकर विश्राम कर लीजिए और जब आपकी थकान दूर हो जाए, तब आगे की यात्रा कीजिए।'

मैनाक पर्वत की बातें सुनकर हनुमान बहुत प्रसन्न हुए और बोले, 'हे पर्वतराज! मैं तुम्हारा अभिवादन स्वीकार करता हूँ। किंतु जब तक मैं प्रभु श्रीराम का कार्य पूर्ण न कर लूँ, तब तक विश्राम नहीं कर सकता।' इतना कहकर हनुमान ने मैनाक पर्वत को छूकर उसका अभिवादन स्वीकार किया और आगे चल दिए। हनुमान के छूते ही मैनाक पर्वत समुद्र में समा गया और हनुमान भी अधिक वेग से लंका की ओर चले गए।

हनुमान की परीक्षा

सीता माता की खोज में जब हनुमान समुद्र मार्ग से लंका की ओर जा रहे थे, तब अचानक उनका रास्ता एक राक्षसी ने रोक लिया। यह राक्षसी नाग माता सुरसा थी, जिसे देवताओं ने हनुमान की परीक्षा लेने के लिए भेजा था। जैसे ही सुरसा ने हनुमान को खाने के लिए अपना मुख खोला तो हनुमानजी बोले, 'हे माता! इस समय मैं प्रभु श्रीराम के कार्य से जा रहा हूँ और बहुत शीघ्रता में हूँ। मैं जब लौटकर आऊँगा, तब आप मुझे खा लेना।'

सुरसा नहीं मानी और उसने हनुमान को खाने के लिए अपना बहुत बड़ा मुख खोल दिया। किंतु हनुमान बहुत बुद्धिमान थे। उन्होंने अपना आकार बहुत छोटा कर लिया और सुरसा के मुख में जाकर जल्दी से बाहर निकल आए तथा बोले, 'माता, मैंने आपके मुख में जाकर आपकी इच्छा को पूरा किया है। कृपया अब मुझे जाने दीजिए।'

सुरसा हनुमान की बुद्धिमानी तथा चतुराई देखकर बहुत प्रसन्न हुई और हनुमान को आशीर्वाद देते हुए बोली, 'हनुमान, तुम बुद्धि और बल के भंडार हो। इस संसार में प्रभु श्रीराम का कार्य केवल तुम ही कर सकते हो। आगे जाओ और अपने कार्य में सफल होकर लौटो। भगवान् तुम्हारी रक्षा करें!'

इस प्रकार सुरसा ने हनुमान को अपना आशीर्वाद देकर विदा किया। इस

प्रकार देवताओं द्वारा ली गई
परीक्षा में हनुमानजी सफल
हुए और सुरसा नागलोक को
चली गई।

सिंहिका-वध

सुरसा से विदा लेने के बाद हनुमानजी आगे बढ़ गए। थोड़ी दूर चलने पर हनुमान का रास्ता एक दूसरी राक्षसी ने रोक लिया, जिसका नाम सिंहिका था। यह राक्षसी बड़ी ही भयानक थी। यह आकाश में उड़ते हुए पक्षियों की परछाईं पानी में देखकर उन्हें बड़ी आसानी से खा जाती थी। सिंहिका ने हनुमान को एक बड़ा पक्षी समझ लिया और पानी में उनकी परछाईं पकड़कर खाने लगी।

आकाश में उड़ते हुए हनुमानजी की गति एकाएक रुक गई। हनुमान ने नीचे सिंहिका राक्षसी को देखा तो सारी बात अच्छी तरह से समझ गए। सिंहिका ने जैसे ही हनुमान को निगलने की कोशिश की तो हनुमान ने एक लात जोर से उसके मुख पर मारी। किंतु फिर भी सिंहिका हनुमान को निगल गई।

हनुमानजी को बहुत क्रोध आया। उन्होंने सिंहिका का पेट चीर दिया और स्वयं बाहर निकल आए। सिंहिका को मौत के घाट उतारने के बाद हनुमानजी आगे बढ़ गए। सिंहिका का मृत शरीर वहीं पड़ा रहा और हनुमान 'जय श्रीराम' कहते हुए लंका की ओर चले गए।

हनुमान की लंकिनी से भेंट

अनेक कठिनाइयों एवं विशाल समुद्र को पार करके हनुमान किसी तरह लंका पहुँच गए। लंका में पहुँचकर वे एक ऊँचे पर्वत पर चढ़ गए और लंका की अपूर्व शोभा को निहारने लगे। सोने की बनी हुई लंका ने हनुमान के मन को मोहित कर लिया। उन्होंने दूर तक दृष्टि डालकर देखा सोने की लंका के चारों ओर ऊँची-ऊँची सोने की दीवारें खड़ी थीं, जिन पर वीर पराक्रमी राक्षसों का कड़ा पहरा था। उन राक्षसों की अनुमति के बिना लंका में कोई भी प्रवेश नहीं कर सकता था। लंका के मायावी राक्षस दिन-रात चौकन्ने रहकर लंका की सुरक्षा करते थे। उन मायावी राक्षसों से बचने के लिए हनुमान ने अपना आकार मच्छर के समान छोटा कर लिया और लंका के प्रवेश-द्वार पर पहुँच गए। उस समय मुख्यद्वार पर लंकिनी नाम की एक भयानक राक्षसी पहरा दे रही थी। लंकिनी की आज्ञा के बिना कोई भी मुख्यद्वार के अंदर प्रवेश नहीं कर सकता था। जैसे ही हनुमान ने मुख्यद्वार के अंदर प्रवेश करने की कोशिश की तो लंकिनी ने उन्हें देख लिया और बोली, 'अरे मूर्ख वानर! क्या तुम नहीं जानते कि मैं मुख्य द्वार पर पहरा देती हूँ और लंका की रक्षा करने का उत्तरदायित्व मेरा है? मेरी अनुमति लिये बिना लंका में प्रवेश करने का तुम्हारा साहस कैसे हुआ? तुमने मेरा अपमान किया है। तुम्हें इसका दंड अवश्य मिलेगा।'

लंकिनी की बात सुनकर हनुमान ने कहा कि 'मैं तो मात्र इस सुंदर लंका नगरी को देखने की इच्छा से आया हूँ। मुझ में इतना साहस नहीं है कि आपका अपमान कर सकूँ। कृपया आप मुझे लंका नगरी को देखने की आज्ञा दें।'

लंकिनी को हनुमान की बात पर विश्वास नहीं हुआ। इसलिए वह क्रोधित होकर बोली, 'अरे दुष्ट वानर! तेरी मौत ही तुझे यहाँ खींचकर लाई है। अब तू मेरे हाथों से जीवित नहीं बचेगा।' इतना कहते ही लंकिनी ने हनुमान पर जैसे ही प्रहार करने की कोशिश की, हनुमान ने अपना आकार बहुत बड़ा कर लिया और लंकिनी के मुख पर एक घूँसा इतनी जोर से मारा कि उसे चक्कर आ गया और वह रक्त की उलटियाँ करने लगी। अब लंकिनी समझ गई कि राक्षसों का विनाश होने वाला है।

तभी लंकिनी को याद आया कि ब्रह्मा ने लंकिनी को वरदान देने के बाद उससे कहा था कि 'जब कोई वानर तुम पर इतनी जोर से प्रहार करेगा कि तुम्हें चक्कर आ जाए और रक्त की उलटी हो, तो समझ लेना कि राक्षसों का विनाश होने वाला है।' ब्रह्माजी की कही बात को याद करके लंकिनी ने हनुमान को सादर प्रणाम किया और उन्हें लंका में प्रवेश करने की अनुमति दे दी।

हनुमान की विभीषण से भेंट

लंकिनी को मारने के बाद हनुमान सीताजी की खोज में लंका में इधर से उधर घूमने लगे। हनुमान ने हर घर, बाग-बगीचे, छत-अटारी पर सीताजी को खोजा; किंतु कहीं उनका पता न चल सका। हनुमान ने अति सूक्ष्म रूप बनाकर रावण के महल में भी सीताजी को खोजा, किंतु उन्हें हर जगह से निराशा ही हाथ लगी।

जब हनुमान को सीताजी का कोई पता न चला तो उनके मन में आशंकाएँ घुमड़ने लगीं। वे मन-ही-मन सोचने लगे कि कहीं रावण ने सीता माता का वध तो नहीं कर दिया। यही सोचकर उनका हृदय भय से काँपने लगा। अंत में थककर वे एक ऊँचे स्थान पर बैठ गए।

तभी हनुमान की दृष्टि एक ऐसे भवन पर पड़ी, ज़िसके दरवाजे पर 'राम-राम, जय श्रीराम' आदि लिखा हुआ था। घर के बाहर तुलसी का एक बड़ा पौधा लगा हुआ था। यह घर बहुत ही साफ-सुथरा था। जहाँ से रामधुन की मधुर आवाज आ रही थी। हनुमान ने यह देखकर मन-ही-मन सोचा कि अवश्य ही यह घर किसी रामभक्त का होगा। लेकिन दूसरे ही क्षण हनुमान के मन में विचार आया कि राक्षसों की इस मायावी नगरी में कोई रामभक्त इस प्रकार सुरक्षित कैसे रह सकता है? इन्हीं विचारों में उलझे हुए हनुमान उस घर

के द्वार पर पहुँच गए।

हनुमान ने जैसे ही द्वार खटखटाया तो ब्राह्मण के रूप में एक युवक बाहर आया, जिसका नाम विभीषण था। विभीषण लंका के राजा रावण का भाई था। विभीषण राम के बहुत बड़े भक्त थे। राक्षस कुल में जन्म लेने के बाद भी विभीषण के हृदय में भक्ति की भावना कूट-कूटकर भरी हुई थी।

विभीषण उसी समय सोकर उठे थे और राम-नाम का उच्चारण कर रहे थे। दोनों ने एक-दूसरे को अपना परिचय दिया। विभीषण से मिलकर हनुमान बहुत प्रसन्न हुए और बोले, 'महाराज, इस राक्षस नगरी में आप किस प्रकार रहते हैं? यहाँ आपकी भक्ति में बाधा तो अवश्य होती होगी?'

हनुमान की इस बात का उत्तर देते हुए विभीषण ने कहा, 'हे पवनपुत्र हनुमान! मैं इस दशानन की लंका नगरी में उसी प्रकार रहता हूँ जैसे दाँतों के बीच में जीभ रहती है। मुझे राज-पाट, सुख-ऐश्वर्य से कोई मतलब नहीं है। मैं और रावण नदी के दो किनारों के समान हैं।'

विभीषण ने हनुमान का उचित आदर-सत्कार किया और उन्हें बताया कि रावण ने सीताजी को अशोक वाटिका में कैद करके रखा है, जहाँ राक्षसियाँ उन पर कड़ा पहरा रखती हैं। वैसे सीताजी पूर्ण रूप से सुरक्षित हैं। रावण भूलकर भी बलात् सीता को अपनी पत्नी नहीं बना सकता। वह एक पतिव्रता स्त्री हैं। वह अशोक वाटिका में प्रभु श्रीराम के नाम का जप करती रहती हैं। इस प्रकार हनुमान ने विभीषण से सीताजी के पास जाने के लिए विदा ली।

हनुमान की सीताजी से भेंट

अशोक वाटिका में जिस वृक्ष के नीचे सीताजी बैठी थीं, उसी वृक्ष पर बैठकर हनुमानजी श्रीराम कथा गाने लगे, जिसे सुनकर सीताजी का हृदय दुःख से भर आया और बोलीं, 'राक्षसों के इस प्रदेश में श्रीराम कथा गानेवाले तुम कौन हो?कृपया सामने आकर मुझे दर्शन दो।'

यह सुनते ही हनुमानजी वृक्ष से कूदकर भूमि पर आ गए और हाथ जोड़कर बोले, 'माता! मैं रामदूत हनुमान हूँ और प्रभु श्रीराम की आज्ञा से आपकी खोज में यहाँ आया हूँ। आप मुझ पर किंचित् भी संदेह न करें। प्रभु श्रीराम ने मुझे चलते समय यह मुद्रिका दी थी, ताकि आपको कोई संदेह न रहे।' यह कहकर हनुमान ने सीताजी को राम की दी हुई अँगूठी दे दी।

सीताजी के पूछने पर हनुमान ने कहा कि 'वैसे तो श्रीराम और भइया लक्ष्मण सकुशल हैं, किंतु आपके वियोग में बहुत दुःखी हैं। जब मैं आपका संदेश प्रभु श्रीराम को पहुँचा दूँगा तो वे अवश्य ही प्रसन्न होंगे। हे माते! अब आपके दुःख समाप्त हो चुके हैं। यदि मैं चाहूँ तो आपको अकेला ही रावण की कैद से मुक्ति दिलाकर ले जा सकता हूँ; किंतु ऐसा करने से राक्षसों को श्रीराम की शक्ति का ज्ञान नहीं हो पाएगा। यह राक्षसों का समूह तो कीट-पतंगों के समान है। श्रीराम के अग्निरूपी बाणों के सामने वे अधिक देर तक नहीं ठहर

सकते। प्रभु श्रीराम शीघ्र ही अपनी वानर सेना को लेकर आएँगे और इन दुष्ट राक्षसों का विनाश करके आपको आदर व सम्मान के साथ ले जाएँगे।'

हनुमान की बातें सुनकर सीताजी को प्रसन्नता तो जरूर मिली, लेकिन उनके मन में एक प्रश्न उठा और वे बोलीं, 'श्रीराम की सेना में सब तुम्हारे जैसे छोटे–छोटे वानर होंगे। तुम फिर इन विशाल शरीरवाले राक्षसों का सामना कैसे करोगे?'

सीताज़ी की शंका का समाधान करते हुए हनुमानजी बोले, 'माता, आप मेरे इस रूप को देखकर संदेह न करें। हमारी सेना में बड़े ही वीर और पराक्रमी वानर हैं।' इतना कहकर हनुमान ने सीताजी को अपना विशाल आकार दिखाया। हनुमान ने अपने शरीर को इतना बड़ा कर लिया कि उनका मस्तक आकाश को छूने लगा। हनुमान के इस रूप को देखकर सीताजी के मन की शंका दूर हो गई और उन्होंने हनुमान को अजर, अमर तथा प्रभु श्रीराम के लाडले होने का आशीर्वाद दे दिया। सीता ने आशीर्वाद देकर हनुमान को अपनी चूड़ामणि देते हुए कहा कि 'पुत्र हनुमान, श्रीराम से कहना कि मुझे शीघ्र ही रावण की कैद से मुक्ति दिलाएँ।'

•

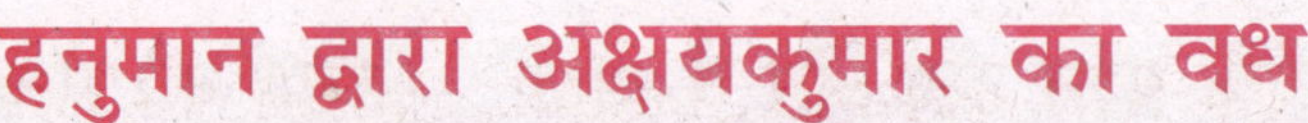

हनुमान द्वारा अक्षयकुमार का वध

अशोक वाटिका में सीताजी से मिलने के बाद हनुमान ने पहले तो पेड़ों पर लगे हुए मीठे-मीठे फल खाए और अपनी भूख मिटाने के बाद बड़े-बड़े पेड़ों को भी तिनके के समान उखाड़कर फेंक दिया। पहरेदारों ने जब एक वानर को उत्पात मचाते देखा तो वे भी उसे मारने के लिए दौड़े। देखते-ही-देखते हनुमान ने बड़े-बड़े राक्षसों को मच्छरों की तरह मसलकर मार डाला। जो राक्षस जीवित बचे थे, वे सब डरकर भाग गए। हनुमान ने पूरी अशोक वाटिका को तहस-नहस करके अनगिनत राक्षसों को मार डाला। जब इस बात की सूचना रावण को मिली तो उसने अपने छोटे पुत्र अक्षयकुमार को सेना लेकर भेजा, ताकि वह उस वानर को दंड दे सके।

जब अक्षयकुमार सेना लेकर आया तो हनुमान ने सेना सहित उसकी बड़ी दुर्गति की। अक्षयकुमार की सेना के कुछ राक्षसों को हनुमान ने उठा-उठाकर दूर फेंक दिया और कुछ को पैरों तले कुचलकर मार डाला। हनुमान से लड़ने जो भी राक्षस उनके पास आता, वे उसे अपने एक ही घूँसे के प्रहार से मार डालते। वे राक्षसों पर बड़े-बड़े पेड़ उखाड़कर गेंद की तरह से फेंक रहे थे। जैसे ही अक्षयकुमार हनुमान से लड़ने के लिए आया तो उन्होंने एक बड़ा पेड़ उखाड़कर उसके ऊपर फेंक दिया, जिससे पेड़ के नीचे दबकर वहीं उसकी मृत्यु हो गई।

अक्षयकुमार के मरते ही उसकी सेना में खलबली मच गई और सारे सैनिक भाग खड़े हुए।

रावण के दरबार में हनुमान

अक्षयकुमार की मौत के बाद मेघनाद ने हनुमान को ब्रह्मास्त्र में बाँधकर रावण के सामने पेश कर दिया। हनुमान को देखते ही रावण क्रोधित होकर बोला, 'अरे नीच वानर! तूने किसके कहने पर अशोक वाटिका को तहस-नहस किया है?क्या तुझे लंकाधिपति रावण से जरा भी डर नहीं है?लगता है, तेरी मृत्यु ही तुझे यहाँ खींच लाई है।'

जब हनुमान ने रावण को ऊँचे सिंहासन पर बैठे देखा तो उन्होंने भी अपनी पूँछ का ऊँचा गोला बनाया और कूदकर उस पर बैठ गए तथा बोले, 'अरे दशानन! सुन, मैं महाराज सुग्रीव का मंत्री और श्रीराम का दूत हूँ। यदि तुम श्रीराम के क्रोध से बचना चाहते हो, तो शीघ्र ही सीताजी को सम्मान सहित उनके पास भेजकर अपने अपराध के लिए क्षमा माँग लो। प्रभु श्रीराम बड़े ही दयालु हैं, वे तुम्हें अवश्य ही क्षमा कर देंगे। यदि तुमने ऐसा नहीं किया तो तुम्हारी मृत्यु निश्चित है।'

हनुमान के शब्दों को सुनते ही रावण क्रोध से भड़क उठा और बोला, 'अरे दुष्ट वानर! तू अपनी वास्तविकता भूलकर मुझे ज्ञान दे रहा है। लगता है, तुझे मेरी शक्ति का अंदाजा नहीं है। अब तेरी मृत्यु निश्चित है।'

विभीषण के समझाने पर रावण ने हनुमान को मृत्युदंड देने के बजाय उनकी

पूँछ में आग लगाने की आज्ञा दे दी। किंतु हनुमानजी जरा भी विचलित नहीं हुए और मन-ही-मन हँसते रहे। रावण के दरबार में उपस्थित अनेक राक्षस हनुमान की पूँछ पकड़कर उन्हें नीचे गिराने की कोशिश करने लगे, ताकि हनुमान की पूँछ में आग लगा सकें। लेकिन सैकड़ों बलवान् राक्षस भी मिलकर हनुमान की पूँछ को हिला न सके। तब हनुमानजी स्वयं अपनी पूँछ पर कूदे और उसे छोटा कर लिया।

लंका-दहन

सभी राक्षस मिलकर हनुमान को दरबार से बाहर खींचकर लाए और उनकी पूँछ में मिट्टी के तेल में भीगे कपड़े लपेटकर आग लगा दी। यह देखकर लंका के सभी राक्षस-राक्षसियाँ और बच्चे तालियाँ बजाकर हँसने लगे और ढोल-नगाड़े बजाकर खुशियाँ मनाने लगे। देखते-ही-देखते हनुमान ने एक ऊँची दीवार पर चढ़कर खिड़की-दरवाजों में आग लगा दी। एक घर से दूसरे घर में कूदकर हनुमान ने सब जगह आग लगा दी। तेज हवा चलने के कारण आग की लपटें ऊँची-ऊँची उठने लगीं। देखते-ही-देखते रावण की सोने की लंका धू-धू करके जलने लगी। आग को देखकर लंका के नर-नारी व बच्चे जोर-जोर से चिल्ला रहे थे और अपनी जान बचाने के लिए इधर-उधर भाग रहे थे।

हनुमान ने एक ऊँची अट्टालिका पर चढ़कर अपना आकार विशाल कर लिया तथा अपनी पूँछ को बढ़ाकर राक्षसों को इधर से उधर भगाने लगे। यह देखकर सभी राक्षस डर गए। जो राक्षस कुछ देर पहले प्रसन्नता से झूम रहे थे, वे सब मौत को सामने आता देखकर भय से थरथर काँप रहे थे। चारों ओर 'त्राहि-त्राहि' मच गई। राक्षस अपने बच्चों को लेकर इधर-उधर भाग रहे थे।

इस प्रकार हनुमान ने सोने की लंका को जलाकर राख कर दिया। मात्र विभीषण का घर ही ऐसा था जिसे आग छू न सकी और वह पूरी तरह सुरक्षित

था। हनुमान ने लंका का सर्वनाश करके समुद्र में अपनी पूँछ की आग बुझाई और सीता से विदा लेकर वापस लौट आए।

कालनेमि का संहार

जब हनुमान हिमालय पर्वत पर संजीवनी बूटी लेने जा रहे थे तो उन्हें रोकने के लिए रावण ने कालनेमि नाम के राक्षस को भेजा, ताकि वह हनुमान के रास्ते में रुकावटें पैदा करे और हनुमान प्रातः होने से पूर्व संजीवनी बूटी न ला सके और लक्ष्मण की मृत्यु हो जाए।

कालनेमि ने एक साधु का रूप धारण करके एक आश्रम बनाया और जोर-जोर से राम नाम का जप करने लगा। निर्जन वन में जब हनुमान ने उन्हें राम-नाम का जप करते हुए देखा तो उन्होंने सोचा कि यहाँ पानी पीकर अपनी प्यास बुझानी चाहिए।

हनुमानजी पानी पीने की इच्छा से नीचे उतरे और कालनेमि को प्रणाम करके पानी पीने की आज्ञा माँगी। कालनेमि ने कहा कि 'आप सरोवर से स्वच्छ और ठंडा जल पीकर अपनी प्यास शांत कीजिए।'

हनुमान जैसे ही सरोवर में उतरे तो एक मछली ने उन्हें जल में घसीट लिया। हनुमान ने मछली को तुरंत एक जोरदार घूँसे के प्रहार से मौत के घाट उतार दिया। मछली तुरंत शाप से मुक्त होकर बोली, 'हे पवनपुत्र हनुमान! यह कोई साधु नहीं है। यह कालनेमि नाम का राक्षस है, जिसे रावण ने आपके रास्ते में रुकावटें डालने के लिए भेजा है। आप इसके मायावी जाल में फँस चुके हैं।'

प्रभु श्रीराम के काम में बाधा डालनेवाले को हनुमान जीवित कैसे छोड़

सकते थे? वे तुरंत कालनेमि के पास आए और उसे अपनी पूँछ में जकड़ लिया तथा जमीन पर पटक-पटककर इतना मारा कि उसके प्राणों का अंत हो गया। इसके बाद हनुमान शीघ्र ही हिमालय पर्वत की ओर चल दिए।

हनुमान की भरत से भेंट

जब हनुमान पर्वत उठाकर अयोध्या के ऊपर से गुजर रहे थे तो भरत ने सोचा कि कोई राक्षस जा रहा है। इसलिए उन्होंने बाण चला दिया। बाण के लगते ही हनुमान पृथ्वी पर गिर पड़े और मूर्च्छित हो गए। मूर्च्छित अवस्था में भी हनुमान के मुख से 'हे राम! हे रघुपति!' निकल रहा था। उनके मुख से 'राम' शब्द का उच्चारण सुनकर भरतजी चौंके और पश्चात्ताप करने लगे।

भरत ने हनुमान को मूर्च्छित अवस्था में सँभाल लिया और बोले, 'हे कपिराज! आप कौन हैं? कृपया अपना परिचय दीजिए।'

हनुमान ने भरत को अपना परिचय देकर सारी घटना सुना दी। सीता-हरण से लेकर लक्ष्मण को शक्तिबाण लगने तक की सारी घटना सुनकर भरत को बहुत दुःख हुआ। वे हनुमान से गले मिलकर बोले, 'हनुमान, प्रातः होने में अभी थोड़ा समय शेष है। इसलिए तुम इस पर्वत सहित मेरे इस बाण पर बैठ जाओ, पलक झपकते ही तुम श्रीराम के पास पहुँच जाओगे।'

हनुमान को बहुत देर हो चुकी थी। दिन निकलने ही वाला था, इसलिए वे उठे और भरत से विदा लेकर 'जय श्रीराम' का उच्चारण करके तीव्र गति से आकाश में उड़ गए। वे प्रातःकाल होने से पूर्व लौट आए। तब वैद्यराज सुषेण ने संजीवनी बूटी घिसकर लक्ष्मण को पिला दी, जिससे लक्ष्मण के प्राण बच गए।

लक्ष्मण के प्राण बचाए

लक्ष्मण को शक्तिबाण लगने पर वे मूर्च्छित हो गए। प्रभु श्रीराम लक्ष्मण की ऐसी अवस्था देखकर अधीर हो गए और विलाप करने लगे, जिसके कारण पूरी वानर सेना में उदासी छा गई और श्रीराम की सेना का आत्मविश्वास डगमगाने लगा। तब विभीषण ने कहा कि यदि लंका से सुषेण वैद्य को यहाँ ले आएँ तो लक्ष्मण के प्राण बच सकते हैं। सुषेण वैद्य को शत्रु के नगर से लाना बड़ा कठिन काम था। इसलिए हनुमान गुप्त रूप से लंका में जाकर सुषेण वैद्य को उनके घर सहित उठाकर ले आए।

सुषेण वैद्य ने बताया, 'श्रीराम, आप दुःखी न हों। लक्ष्मण केवल मूर्च्छित हैं। यदि हिमालय पर्वत से संजीवनी बूटी आ जाए तो लक्ष्मण के प्राण बच सकते हैं। इनके पास मात्र एक रात का समय शेष है। इसलिए प्रातःकाल से पूर्व संजीवनी बूटी लाना अति आवश्यक है।'

सारी वानर सेना हनुमान की ओर आशाभरी निगाहों से देखने लगी। तब हनुमान उठे और बोले, 'प्रभु, मेरे होते हुए आपको चिंता करने की कोई आवश्यकता नहीं है। मैं प्रातःकाल से पूर्व संजीवनी बूटी लेकर अवश्य लौट आऊँगा।'

इतना कहकर हनुमान ने सुषेण वैद्य से संजीवनी बूटी की पहचान पूछी और

श्रीराम के चरणों में प्रणाम करके तीव्र गति से आकाश में उड़ गए। जब हनुमान हिमालय पर्वत पर संजीवनी बूटी लेने गए तो वहाँ पर अनेक दिव्य जड़ी-बूटियाँ चमक रही थीं। इसलिए हनुमान संजीवनी बूटी को पहचान न सके और पूरा पर्वत ही उठा लिया तथा तीव्र गति से चल दिए।

हनुमान शीघ्र-से-शीघ्र पहुँचकर लक्ष्मण के प्राण बचाना चाहते थे। अतः वे वायु वेग से भी तीव्र उड़कर सूर्य निकलने से पहले ही उस स्थान पर पहुँच गए, जहाँ लक्ष्मण मूर्च्छावस्था में पड़े थे। हनुमान को आता देख सभी के चेहरों पर खुशी लौट आई। सुषेण वैद्य ने तुरंत पर्वत से संजीवनी बूटी उखाड़कर उसके रस की बूँदें लक्ष्मण के मुख में डालीं। कुछ समय पश्चात् ही लक्ष्मण के शरीर में चेतना लौट आई। इस प्रकार हनुमान ने लक्ष्मण के प्राण बचाए।

राम-रावण युद्ध और हनुमान

हनुमान द्वारा लंका नगरी को जला देने के बाद रावण ने फिर से माया द्वारा सोने की लंका का निर्माण कर दिया। दोबारा बनाई गई सोने की लंका वास्तुकार की कला का अद्‌भुत नमूना थी। अपने नए सभाकक्ष में रावण मंत्रियों के साथ बैठकर भविष्य की योजनाओं पर विचार करता था। सीता-हरण जैसे पापकर्म की भी रावण के मंत्रियों ने निंदा नहीं की। केवल विभीषण ने रावण को इस पापकर्म के लिए श्रीराम से क्षमा माँगने की सलाह दी। इसलिए विभीषण को अपने चार साथियों के साथ लंका छोड़कर श्रीराम के शिविर में आना पड़ा।

विभीषण के आने से सभी वानर उन्हें संदेह की दृष्टि से देखने लगे। तब हनुमान ने आगे बढ़कर कहा, 'महाराज, विभीषण न तो दुष्ट हैं और न ही रावण के गुप्तचर हैं। जब रावण ने मुझे मृत्युदंड दिया, तब इन्हीं विभीषण ने मेरे प्राणों की रक्षा की थी।' इस प्रकार हनुमान ने विभीषण को श्रीराम के शिविर में स्थान दिला दिया।

प्रभु श्रीराम के सामने सबसे बड़ी रुकावट थी समुद्र पार करना। जब तीन दिन तक समुद्रदेवता से निवेदन करने के बाद भी वह प्रकट नहीं हुए तब श्रीराम ने धनुष पर ब्रह्मास्त्र धारण कर लिया और धनुष की प्रत्यंचा खींचकर बाण छोड़ने ही वाले थे कि तभी समुद्रदेवता ने प्रकट होकर समुद्र पर सेतु बनाने का रास्ता सुझाया।

इस प्रकार समुद्रदेवता की कृपा से समुद्र पर एक विशाल सेतु बनाया गया, जिस पर चलकर श्रीराम की सेना समुद्र पार करके लंका पहुँचने में सफल हुई।

लंका पहुँचने पर राम-रावण की सेनाओं में भयंकर युद्ध हुआ। जब रावण की सेना हारने लगी तो उसने छल-कपट का मार्ग अपनाना शुरू कर दिया। रावण कभी अपने गुप्तचरों को राम की सेना में भेजता तो कभी सीता को पतिव्रता धर्म से विचलित करने के लिए मायावी शक्तियों का सहारा लेता। एक बार तो रावण ने माया द्वारा श्रीराम का कटा हुआ सिर सीताजी के सामने भेज दिया, जिससे सीता को विश्वास हो जाए कि राम युद्ध में मारे गए हैं। किंतु ऐसा नहीं हुआ। त्रिजटा नाम की एक राक्षसी ने सीता को रावण की मायावी शक्ति के विषय में सबकुछ बता दिया कि श्रीराम का कटा सिर माया के द्वारा उत्पन्न किया हुआ है।

राक्षस मायावी शक्तियों का प्रयोग करने के लिए प्रसिद्ध थे। एक बार अंगद ने इंद्रजित् पर आक्रमण करके उसे हरा दिया। इंद्रजित् मायावी शक्तियों का प्रयोग करके अदृश्य हो गया और लक्ष्मण पर बाणों की बौछार करने लगा। राम और लक्ष्मण सर्पमय बाणों के प्रहार से मूर्च्छित होकर युद्धभूमि में गिर पड़े। इंद्रजित् यह सोचकर प्रसन्न था कि राम व लक्ष्मण दोनों भाई एक साथ मारे जाएँगे और राक्षसों की विजय हो जाएगी।

इंद्रजित् प्रसन्न होकर अपने पिता रावण के पास गया और राम-लक्ष्मण की मृत्यु की सूचना दी। रावण के आदेशानुसार सीता को पुष्पक विमान पर बिठाकर राम-लक्ष्मण के मृत शरीर के दर्शन कराए गए। लेकिन त्रिजटा ने सीता को सच्चाई से अवगत कराया कि राम-लक्ष्मण मूर्च्छित पड़े हैं और अभी तक जीवित हैं।

धूम्राक्ष का वध

कहा जाता है कि गरुड़ सर्प का शत्रु होता है। गरुड़ ने आकर सर्पयुक्त बाणों को तिनकों के समान काट दिया और राम-लक्ष्मण नागपाश से फिर से मुक्त हो गए। राम-लक्ष्मण के मुक्त होने की सूचना पाकर रावण क्रोध से आगबबूला हो गया और उसने धूम्राक्ष को युद्धभूमि में भेजकर शत्रु सेना को नष्ट करने की आज्ञा दे दी। राम और रावण की सेनाओं के बीच भयंकर युद्ध हुआ। दोनों सेनाएँ बड़े-बड़े पेड़ और चट्टान एक-दूसरे के ऊपर फेंक रही थीं, जिसके कारण दोनों सेनाओं के बहुत सारे योद्धा मारे गए। तब हनुमान ने धूम्राक्ष को मारने का निर्णय लिया।

हनुमान ने जैसे ही एक बड़ी चट्टान धूम्राक्ष को मारने के लिए उसकी ओर फेंकी, धूम्राक्ष रथ से नीचे कूद गया और चट्टान के प्रहार से रथ के टुकड़े-टुकड़े हो गए। इसके बाद हनुमान ने बड़े-बड़े पेड़ उखाड़कर राक्षसों पर फेंकने शुरू कर दिए, जिससे बहुत से राक्षस मारे गए। और जो बच गए, वे अपनी जान बचाकर भागने लगे। इसके बाद धूम्राक्ष ने क्रोध में आकर अपनी गदा से एक जोरदार प्रहार किया। लेकिन हनुमान ने उसकी परवाह न करते हुए एक बड़े पर्वत को उखाड़कर धूम्राक्ष के सिर पर दे मारा। इस प्रकार धूम्राक्ष युद्ध में मारा गया।

धूम्राक्ष की मृत्यु की सूचना पाकर रावण विषैले साँप की भाँति फुंकारने लगा और वज्रदंष्ट्र को सुग्रीव तथा श्रीराम का वध करने की आज्ञा देकर युद्धभूमि में भेज दिया। वज्रदंष्ट्र के युद्धभूमि में आते ही दोनों सेनाओं में भयंकर युद्ध हुआ। अंगद ने वज्रदंष्ट्र के साथ डटकर युद्ध किया और अंत में अंगद ने अपनी तलवार के प्रहार से वज्रदंष्ट्र का सिर काटकर उसे मृत्यु के घाट उतार दिया।

वज्रदंष्ट्र की मृत्यु का समाचार पाकर रावण अत्यंत दु:खी हुआ और उसका आत्मविश्वास हिल गया। इस बार रावण कोई गलती नहीं करना चाहता था। इसलिए उसने अकंपन को युद्धभूमि में भेजकर शत्रु सेना का सफाया करने की आज्ञा दे दी।

धनुष-बाणों से सजे हुए रथ पर सवार होकर अकंपन अपनी विशाल सेना का संचालन करने लगा और श्रीराम की सेना में भयंकर मार-काट मचा दी। युद्धभूमि को धूल भरे बादलों ने ढक लिया, जिसके कारण ढोल, पताका, ध्वज, अस्त्र-शस्त्र, रथ कुछ भी दिखाई नहीं दे रहा था। सैनिक अनुमान के आधार पर ही आक्रमण का जवाब दे रहे थे। यह निश्चित करना कठिन था कि आक्रमण करनेवाला शत्रु है या अपनी ही सेना का सैनिक है।

कुछ ही पल में धूल भरे बादल सैनिकों के रक्त में सन गए। युद्ध का मैदान रक्त से भर गया। वानर सेना शत्रु सेना पर पेड़ और चट्टान उखाड़कर फेंक रही थी। राक्षस सेना को वानरों की विजय स्पष्ट दिखाई दे रही थी, इसलिए अकंपन ने सारथि को अपना रथ राम की सेना के बीच में ले चलने की आज्ञा दी।

अकंपन वानर सेना पर भयंकर बाणों की वर्षा कर रहा था, जिससे बहुत से

वानर मारे गए। अकंपन के बाणों से घायल होकर हनुमान ने एक बड़े पहाड़ को उखाड़कर अकंपन को मारने के लिए फेंका, किंतु वह अकंपन के बाण के प्रहार से चूर-चूर हो गया। इसके बाद हनुमान ने एक बड़े पेड़ को उखाड़कर जोर से हवा में घुमाकर अकंपन के सिर पर दे मारा और वह वहीं पर धराशायी हो गया। हनुमान के क्रोध को देखकर राक्षस सेना में भगदड़ मच गई।

अकंपन की मृत्यु के बाद रावण ने देखा कि पूरी लंका वानर सेना से घिर चुकी है। इसलिए रावण ने सेनापति प्रहस्त को युद्धभूमि में भेज दिया। श्रीराम की वानर सेना के सेनानायक नील ने प्रहस्त से युद्ध किया और उसे मौत के घाट उतारने में सफलता प्राप्त की। प्रहस्त के मारे जाने के बाद राक्षस सेना युद्ध का मैदान छोड़कर रावण के पास आकर आत्मरक्षा की प्रार्थना करने लगी।

प्रहस्त की मृत्यु के समाचार से रावण को एक और धक्का लगा। उसने अपने सभाकक्ष में मंत्रियों की एक बैठक बुलाई और इस बार स्वयं युद्धभूमि में जाने का निश्चय कर लिया। रावण और इंद्रजित् विशाल सेना के साथ युद्ध के मैदान में आ गए। अब श्रीराम और रावण की सेना आमने-सामने थी।

सुग्रीव ने एक बड़े पहाड़ को उखाड़कर रावण के ऊपर फेंका, किंतु रावण ने अपने बाणों से उसके टुकड़े-टुकड़े कर दिए। रावण ने एक शक्तिशाली प्राणघातक बाण सुग्रीव के ऊपर छोड़ दिया, जिससे सुग्रीव मूर्च्छित होकर युद्धभूमि में गिर पड़े। राम की सेना के प्रमुख योद्धा गवाक्ष, गवय, सुषेण, शरभ सभी रावण के द्वारा घायल कर दिए गए।

रावण की सेना को आगे आता हुआ देखकर श्रीराम ने युद्ध करने का निश्चय किया, किंतु लक्ष्मण ने श्रीराम को युद्ध में जाने से मना कर दिया और

स्वयं रावण से युद्ध करने चल दिए।

जब रावण ने हनुमान को राक्षस सेना का नाश करते हुए देखा तो उनकी छाती पर घूँसे से इतना तेज प्रहार किया कि हनुमान को चक्कर आने लगे। कुछ ही देर बाद हनुमान ने रावण के मुख पर इतनी जोर से तमाचा मारा कि वह काँपने लगा और बोला, 'वाह हनुमान! तुम वास्तव में शक्तिशाली हो और यदि पराक्रम की दृष्टि से देखा जाए तो मुझसे युद्ध करने योग्य हो।'

रावण हनुमान की छाती पर दोबारा घूँसे का प्रहार करके नील से युद्ध करने लगा। नील और रावण के बीच दो घंटे तक युद्ध चला। आखिर रावण ने बाणों से नील को घायल कर दिया। नील युद्ध में मूर्च्छित होकर गिर गया।

अब रावण लक्ष्मण से युद्ध करने लगा। रावण के द्वारा छोड़े गए प्रत्येक बाण का लक्ष्मण प्रतिकार करने लगे, जिससे रावण बुरी तरह क्रोधित हो गया और लक्ष्मण के ऊपर 'ब्रह्मास्त्र' नामक बाण छोड़ दिया, जो उनकी छाती में जाकर लगा। लक्ष्मण मूर्च्छित होकर जमीन पर गिर पड़े।

लक्ष्मण को मूर्च्छित होता देखकर हनुमान अपने क्रोध को रोक न सके और रावण की छाती पर एक जोरदार घूँसे का प्रहार किया, जिससे रावण को चक्कर आने लगे और वह युद्धभूमि में गिर पड़ा। घूँसे का प्रहार इतना तेज था कि रावण के मुख, नाक, कान से रक्त बहने लगा और वह रथ के पिछले हिस्से में बैठ गया।

रावण द्वारा वानर सेना का नाश होते देखकर प्रभु श्रीराम स्वयं भी रावण से युद्ध करने आ गए। हनुमान का तो जीवन ही प्रभु श्रीराम की सेवा करने के लिए हुआ था। हनुमान श्रीराम को अपने कंधे पर बैठाकर रावण की ओर भागने लगे।

पहली बार युद्धभूमि में राम-रावण आमने सामने लड़ रहे थे। इस युद्ध में रावण बुरी तरह घायल हो गया था। श्रीराम ने रावण का मुकुट काटकर रथ को चकनाचूर कर दिया। अब रावण के पास अस्त्र-शस्त्र कुछ भी नहीं थे। निहत्थे रावण का वध करना श्रीराम ने उचित नहीं समझा। यदि वे चाहते तो रावण को उसी समय मृत्यु के घाट उतार सकते थे। श्रीराम ने रावण को प्राणदान देते हुए कहा, 'राक्षसराज, जाओ, कल दोबारा युद्धभूमि में अस्त्र-शस्त्र के साथ आना।'

रावण का इससे बड़ा अपमान जीवन में पहले कभी नहीं हुआ था। सिर झुकाकर वह अपने महल में लौट आया। रावण के जो कदम अभिमान से अकड़ते हुए राजमहल में दिखाई देते थे, वही आज ऐसे दिखाई पड़ रहे थे कि मानो उसके पैरों में बेड़ियाँ पड़ गई हों। अपने शत्रु द्वारा जीवनदान पाकर रावण का सिर इस प्रकार लज्जा से पहले कभी नहीं झुका था।

रावण को इस प्रकार लज्जा से सिर झुकाए जाते देखकर सभी सुर-असुर, समुद्र, ऋषि-मुनि, नाग, पृथ्वी पर रहनेवाले सभी प्राणी प्रसन्नता से झूम उठे। दुःखी होकर रावण ने कुंभकर्ण को नींद से जगाने का आदेश दे दिया। दस सहस्त्र सैनिकों के कठिन प्रयास द्वारा कुंभकर्ण को जगाया गया।

रावण ने कुंभकर्ण को युद्ध की स्थिति से अवगत कराया कि वह युद्धभूमि में जाकर राम की वानर सेना का नाश करके लंका की रक्षा करे। कुंभकर्ण ने रावण द्वारा किए गए पापकर्म के लिए उसे बहुत बुरा-भला कहा।

कुंभकर्ण ने रणभूमि में जाकर न जाने कितने वानरों को मौत के घाट उतार दिया। शक्तिशाली अंगद, हनुमान, सुग्रीव भी उसे विचलित करने में असमर्थ रहे। अंत में श्रीराम कुंभकर्ण को मौत के घाट उतारने के लिए युद्ध में बाणों की

वर्षा करने लगे। अंत में श्रीराम ने 'ब्रह्मदंड' के प्रयोग द्वारा कुंभकर्ण का मस्तक काटकर भूमि पर गिरा दिया।

जब रावण को कुंभकर्ण की मृत्यु का समाचार मिला तो वह मूर्च्छित होकर जमीन पर गिरकर विलाप करने लगा।

इस समय रावण बच्चों के समान विलाप कर रहा था। रावण को विलाप करते हुए देखकर एक राक्षस योद्धा उसे समझाने लगा कि 'महाराज, आपके अंदर इतनी शक्ति है कि आप अकेले ही ब्रह्मांड के तीनों लोकों को जीत सकते हैं। आपको इस प्रकार विलाप करना शोभा नहीं देता। आप अपनी मायावी शक्तियों, दिव्यास्त्रों का प्रयोग कीजिए। आपको दु:खी होने की आवश्यकता नहीं है।'

उसकी बात सुनकर रावण में एक नई शक्ति का संचार हो गया। रावण ने अपने पुत्र देवांतक, नरांतक और अतिकाय के साथ अपने दो भाइयों को भी युद्धभूमि में भेज दिया। जब नील और हनुमान ने देखा कि अंगद से राक्षस सेना के तीन योद्धा एक साथ लड़ रहे हैं तो उनसे रहा नहीं गया और वे अंगद की सहायता के लिए जा पहुँचे। देवांतक ने हनुमान को जैसे ही युद्ध के लिए चुनौती दी तो वीर हनुमान ने बहुत तेज गति से हवा में उछलकर अपनी वज्र मुष्टिका से देवांतक के सिर के टुकड़े-टुकड़े कर दिए। कुछ ही पल में देवांतक का मृत शरीर भूमि पर गिर पड़ा।

राक्षस महोदर द्वारा नील की छाती पर इतने बाणों की वर्षा की गई कि नील का शरीर घावों से भर गया। किंतु नील ने अपने घावों की कोई परवाह नहीं की और बहुत बड़ा पहाड़ उठाकर महोदर के सिर पर दे मारा, जिससे वह मृत्यु को

प्राप्त हो गया।

एक के बाद एक योद्धा को मारे जाते देखकर त्रिशिरा अपने क्रोध को रोक न सका और प्राणघातक बाणों की बौछार हनुमान के ऊपर करने लगा। हनुमान ने जैसे ही बहुत बड़ा पर्वत उखाड़कर त्रिशिरा के ऊपर फेंका, उसने अपने बाणों से उसे भी चूर-चूर कर दिया। अब हनुमान जड़ सहित एक विशाल पेड़ को उखाड़कर त्रिशिरा के ऊपर फेंकने लगे तो उसने उस पेड़ को भी अपने तेज बाणों से तहस-नहस कर दिया।

अब हनुमान क्रोधित होकर त्रिशिरा से द्वंद्वयुद्ध करने के लिए आ गए और अपने तेज नाखूनों से त्रिशिरा के घोड़े को बुरी तरह घायल कर दिया। अब त्रिशिरा ने क्रोधित होकर मंत्रों की शक्ति से पूर्ण एक बाण हनुमान की ओर छोड़ा, जिसे उन्होंने हवा में पकड़कर तोड़ दिया। शक्ति बाण के टूट जाने पर पूरी वानर सेना प्रसन्नता से झूम उठी।

अंत में त्रिशिरा ने हनुमान की छाती पर तलवार से प्रहार किया, जिससे हनुमान बुरी तरह घायल हो गए। अपने घाव की परवाह न करते हुए हनुमान ने त्रिशिरा की छाती पर घूँसे से बहुत तेज प्रहार किया, जिससे वह चकराने लगा और उसके हाथ से तलवार छूट गई। फिर हनुमान ने तलवार से त्रिशिरा के तीनों सिर काट डाले।

जिस समय रावण को भाई, पुत्र व सेनापति की मृत्यु का समाचार मिला तो वह पूरी तरह निराश हो चुका था। उसकी आँखों में आँसू थे। अब इंद्रजित् ने दशानन से आकर कहा, 'पिताश्री, आपको दुःखी होने की आवश्यकता नहीं है। मैं पूरी वानर सेना को मौत के घाट पहुँचाने की शक्ति रखता हूँ। आज मैं

लक्ष्मण और राम की युद्ध की पिपासा को हमेशा के लिए शांत कर देना चाहता हूँ। आज सभी देवता और संसार के समस्त प्राणी मेरे पराक्रम और शौर्य के साक्षी होंगे। अपने तेज बाणों से मैं राम और लक्ष्मण के शरीरों को बींध दूँगा, जिससे वे दोनों वहीं तड़प-तड़पकर अपनी जान दे देंगे।'

इस प्रकार इंद्रजित् अस्त्र-शस्त्रों से सज-धजकर युद्ध के मैदान में आ गया और अपनी मायावी शक्तियों के प्रयोग से अदृश्य होकर युद्ध करने लगा। बड़ी संख्या में वानरों को घायल करने के बाद वह राम-लक्ष्मण के ऊपर बाणों की बौछार करने लगा। जैसे ही उसने उन दोनों पर 'ब्रह्मास्त्र' को चलाया तो श्रीराम 'ब्रह्मास्त्र' को सम्मान देने के लिए स्थिर होकर खड़े रहे, जिसके कारण दोनों भाई युद्ध में मूर्च्छित होकर गिर पड़े। फलस्वरूप एक ही दिन में इंद्रजित् ने सहस्त्रों वानरों को मौत के घाट उतार दिया।

राम-लक्ष्मण को मूर्च्छित देखकर वानर सेना घबरा गई। तब जांबवान् ने हनुमान को हिमालय पर्वत से मृत संजीवनी, विशल्यकरणी, सुवर्णकरणी एवं संधानी नाम की जड़ी-बूटियाँ लाने को कहा, जिससे राम-लक्ष्मण और समस्त वानर सेना की चिकित्सा की जा सके। हनुमान आकाश मार्ग से हिमालय पर्वत पर पहुँच तो गए, किंतु जड़ी-बूटियों को पहचान न सके और पूरा पर्वत ही उखाड़कर ले आए। बूटियों की शक्ति के कारण राम-लक्ष्मण सहित पूरी वानर सेना जीवित हो गई और पूरे उत्साह के साथ लंका पर धावा बोल दिया। इस युद्ध में लंका की सेना के कई शक्तिशाली योद्धा मारे गए।

भाइयों के मारे जाने से दुःखी निकुंभ ने हनुमान पर आक्रमण कर दिया। अंत में भयंकर युद्ध करके हनुमान ने निकुंभ को और श्रीराम ने मकराक्ष को मार डाला।

रावण को समझ नहीं आ रहा था कि वह क्या करे? इसलिए उसने विवश होकर इंद्रजित् को पुनः युद्ध के मैदान में भेज दिया। इंद्रजित् अपनी मायावी शक्तियों के प्रयोग द्वारा 'मायावी सीता' को अपने रथ पर बैठाकर युद्ध के मैदान में लाया और उसके बाल घसीटकर उसको मारने लगा। इस हृदय-विदारक दृश्य को देखकर हनुमान अपने को रोक न सके और उन्होंने एक बड़ी चट्टान उठाकर इंद्रजित् के रथ पर फेंक दी; परंतु इंद्रजित् बच गया, क्योंकि उसके सारथि ने रथ वहाँ से हटा लिया।

चट्टान के प्रहार से इंद्रजित् तो बच गया, किंतु बहुत से राक्षस मारे गए, जिससे क्रोधित होकर इंद्रजित् ने मायावी सीता के टुकड़े-टुकड़े कर दिए। श्रीराम को जब यह दुःखद समाचार प्राप्त हुआ तो वे विलाप करने लगे और युद्ध के मैदान में मूर्च्छित होकर गिर पड़े। लक्ष्मण ने श्रीराम को सांत्वना देते हुए कहा, 'हे रघुनंदन! आप चिंता क्यों करते हैं। इंद्रजित् ने सीता माता की हत्या का जो पाप किया है, उसे मैं कभी क्षमा नहीं करूँगा। मैं इंद्रजित् और रावण सहित संपूर्ण लंका निवासियों को मृत्यु के घाट उतार दूँगा।'

ऐसे समय में विभीषण ने श्रीराम को समझाया कि 'वास्तविक सीता तो पहले के समान सुरक्षित हैं। युद्ध में इंद्रजित् द्वारा मारी गई सीता मायावी थी, इसलिए आप दुःखी न हों और इंद्रजित् को मारने के लिए लक्ष्मण को भेज दें।'

वानर सेना और इंद्रजित् की सेना के बीच भयंकर युद्ध हुआ। हनुमान ने भारी संख्या में राक्षसों की सेना को मृत्यु के घाट उतार दिया। इंद्रजित् जैसे ही अपने धनुष-बाण लेकर हनुमान की ओर आया, तभी लक्ष्मण युद्ध करने के लिए इंद्रजित् के सामने आ गए। अंत में लक्ष्मण ने ऐंद्रास्त्र के प्रयोग द्वारा

इंद्रजित् का वध कर दिया।

इंद्रजित् की मृत्यु से रावण बुरी तरह बौखला गया और क्रोधित होकर उसने शक्ति बाण विभीषण के ऊपर चला दिया। किंतु लक्ष्मण ने उस शक्ति बाण को बीच में ही काट दिया। शक्ति बाण के कट जाने पर रावण ने दूसरा शक्ति बाण लक्ष्मण पर चला दिया। शक्ति बाण लक्ष्मण की छाती पर लगने से वे मूर्च्छित होकर गिर पड़े। लक्ष्मण को पीड़ा से छटपटाते देखकर श्रीराम अपने को रोक न सके और रावण से युद्ध करने लगे। दोनों योद्धा एक-दूसरे के बाणों को प्रभावहीन कर रहे थे। तभी रावण बुरी तरह घायल हो गया और युद्ध का मैदान छोड़कर भाग गया।

रावण फिर से सुसज्जित रथ पर सवार होकर युद्धभूमि में आ गया और श्रीराम की सेना के ऊपर बाणों की वर्षा करने लगा। जब देवताओं ने देखा कि प्रभु राम भूमि पर खड़े होकर बाण चला रहे हैं तो उन्होंने रावण का सामना करने के लिए श्रीराम के लिए इंद्र देवता का रथ भेज दिया, जिसका सारथि मातलि था।

इंद्र देवता के रथ पर सवार होते ही श्रीराम रावण को परास्त करने लगे। रावण का रथ जैसे ही आकाश में उड़ा तो राम का रथ उसके रथ का पीछा करने लगा। प्रभु श्रीराम ने रावण के कई बार सिर काटे, किंतु वरदान के कारण उसके धड़ से सिर फिर जुड़ जाता था। अंत में श्रीराम ने प्रत्यंचा पर 'ब्रह्मास्त्र' चढ़ाकर रावण की नाभि को लक्ष्य करके छोड़ दिया और रावण वहीं पर ढेर हो गया।

इसके बाद श्रीराम ने रावण का शव विभीषण को सौंपकर सम्मान सहित

अंत्येष्टि करने की आज्ञा दी और दूत द्वारा सीताजी को बुलवा लिया। इसके बाद सीताजी की अग्निपरीक्षा ली। सीता जैसी पतिव्रता स्त्री को आग की लपटें छू भी न सकीं। उसके बाद श्रीराम ने उन्हें पुनः स्वीकार किया।

इसके बाद विभीषण ने पुष्पक विमान मँगवाया और श्रीराम के सीता सहित अयोध्या वापस जाने की पूर्ण व्यवस्था कर दी। श्रीराम पुष्पक विमान पर हनुमान, सुग्रीव तथा वानर सेना के साथ सवार होकर अयोध्या की ओर चल दिए। रास्ते में प्रभु श्रीराम ने प्रयाग में भरद्वाज मुनि के आश्रम में उतरकर हनुमान को नंदीग्राम भेज दिया और भरत को अपने सकुशल अयोध्या लौटने की सूचना देने को कहा।

चौदह वर्षों का वनवास काटकर जब श्रीराम अयोध्या वापस आए तो अयोध्या में खुशियाँ मनाई गईं। शुभ मुहूर्त देखकर गुरु वसिष्ठ ने श्रीराम का राजतिलक कर दिया। इस प्रकार श्रीराम अयोध्या के राजा बन गए।

आज भी हनुमान प्रभु श्रीराम के आज्ञाकारी सेवक के रूप में जाने जाते हैं।

सीना चीर दिखाया

चौदह वर्षों के वनवास के बाद श्रीराम का राज्याभिषेक किया गया था। एक दिन राजसभा में महाराज विभीषण, सुग्रीव, अंगद और हनुमान सभी बैठे हुए थे। तब श्रीराम ने कहा कि 'मेरी विजय में आप लोगों का बहुत बड़ा योगदान है। यदि आपका सहयोग न होता तो इस युद्ध का जीतना बहुत कठिन था। मित्र-धर्म के साथ-साथ आपके परिवार और प्रजा के प्रति भी कुछ कर्तव्य हैं। इसलिए आप मेरी चिंता छोड़कर अपने दूसरे कर्तव्यों को भी पूरा कीजिए।'

श्रीराम की बात सुनकर सुग्रीव और विभीषण बोले, 'प्रभु, हम आपके श्रीचरणों को छोड़कर जाना नहीं चाहते; किंतु आपका आदेश हमारे लिए एक आज्ञा है।'

हनुमानजी कुछ नहीं बोले, क्योंकि वे श्रीराम को छोड़कर जाना नहीं चाहते थे। उन्होंने सुग्रीव से कहा, 'महाराज, आप ठीक कह रहे हैं। मेरा रोम-रोम भगवान् श्रीराम के प्रेम में डूब चुका है। यदि आप मुझे आज्ञा दें तो मैं जीवन भर प्रभु श्रीराम की सेवा करना चाहता हूँ।'

सुग्रीव ने हनुमान से कहा कि 'यदि श्रीराम के प्रति तुम्हारे मन में इतनी भक्ति है तो मुझे इसका प्रमाण दो।' बस, फिर क्या था! सुग्रीव को हनुमान ने अपना सीना चीर दिखाया और उसमें बैठे हुए प्रभु श्रीराम के दर्शन करा दिए। यह दृश्य देखकर वहाँ उपस्थित सभी लोगों ने हनुमान की भक्ति के सामने

अपने सिर झुका दिए।

तब सुग्रीव ने कहा कि 'हे पवनपुत्र! तुम्हारी भक्ति अनन्य है। आज मैं तुम्हें प्रत्येक बंधन से मुक्त करता हूँ।'

लव-कुश और हनुमान

श्रीराम द्वारा छोड़े गए अश्वमेध यज्ञ के घोड़े को जब लव-कुश ने बंदी बना लिया, तब प्रभु श्रीराम ने भरत को आज्ञा दी कि वे हनुमान को साथ लेकर युद्धभूमि में जाएँ और अश्वमेध यज्ञ के घोड़े को छुड़ाकर लाएँ।

दूर से आती हुई वानर सेना को देखकर लव-कुश बाणों की वर्षा करने लगे। उनके बाणों से वानर सेना घायल होकर भूमि पर गिरने लगी। हनुमान दूर खड़े होकर आश्चर्य से लव-कुश को देख रहे थे। भरत ने हनुमान से कहा कि 'ये बालक युद्ध में निपुण हैं; किंतु इन पर प्रहार करने में संकोच होता है। क्यों न इन्हें हम बंदी बनाकर ले चलें?'

भरत की बात सुनकर हनुमान ने अपनी गदा उठाई और छलाँग लगाकर लव-कुश के पास पहुँच गए। लेकिन वे दोनों बालक बंदी बननेवाले नहीं थे। उन्होंने तो हनुमान को भी हरा दिया। हनुमान और भरत के हार जाने पर श्रीराम भी युद्ध के लिए मैदान में आ गए। राम के आने पर हनुमान ने अपनी गदा उठाई और बीच में कूद पड़े।

हनुमान के इस कार्य को देखकर लव-कुश को बहुत क्रोध आया और वे बोले, 'अरे वानर! तू फिर से हमारे बीच में आ गया। तुझे अपनी शक्ति पर यदि

इतना ही घमंड है तो मेरे साथ मल्ल-युद्ध कर।'

लव श्रीराम पर बाणों की वर्षा करते रहे और कुश हनुमान से मल्ल युद्ध। कुछ ही देर में कुश ने हनुमान को हराकर उनके हाथ-पैर रस्सी से बाँध दिए और उन्हें उठाकर आश्रम की ओर चलने लगे। लव-कुश ने आश्रम के बाहर लकड़ी के एक खंभे से हनुमान को बाँध दिया और सीताजी से जाकर बोले, 'माँ, हम आपके लिए एक अनोखी वस्तु लाए हैं।'

सीताजी ने हनुमान को बंदी अवस्था में देखा तो वे डर गईं, क्योंकि लव-कुश ने हनुमान की हालत बड़ी अजीब कर दी थी। हनुमान ने सीताजी को देखा तो रोने लगे और बोले, 'माता, इन दोनों बालकों ने प्रभु श्रीराम के अश्वमेध यज्ञ के घोड़े को बंदी बनाया था, इसलिए यह युद्ध हुआ। इन्होंने भरत, लक्ष्मण, शत्रुघ्न को हराकर अपने बाणों से मूर्च्छित कर दिया और मुझे यहाँ बंदी बनाकर ले आए और अब श्रीराम से युद्ध चल रहा है।'

इस प्रकार हनुमान ने सीताजी को पूरी स्थिति से अवगत करा दिया। इसके बाद सीताजी के कहने पर लव-कुश ने हनुमान के बंधन खोलकर उन्हें मुक्त कर दिया।

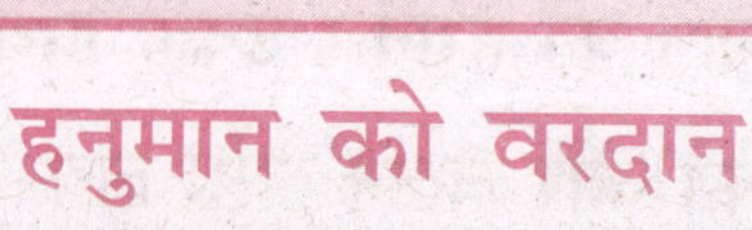

हनुमान को वरदान

सीताजी के धरती में समाने के बाद लव-कुश को अयोध्या का राज्य सौंपकर श्रीराम ने भी विष्णुलोक जाने का निश्चय कर लिया। सरयू के तट पर जाकर श्रीराम ने हनुमान को अपने पास बुलाकर कहा कि 'तुमने कुछ नहीं कहा, किंतु मैं तुम्हारे दुःख को अच्छी तरह समझता हूँ। सीताजी ने तुम्हें अजर-अमर होने का वरदान दिया है।'

श्रीराम की बातें सुनकर हनुमानजी बोले, 'हे प्रभु! इस पृथ्वी पर मैं आपके बिना जीवित रहकर क्या करूँगा?आपके बिना तो यह वरदान भी मेरे लिए एक अभिशाप ही है।'

हनुमान को दुःखी देखकर श्रीराम बोले, 'मैं सदैव तुम्हारे हृदय में रहूँगा। इस पृथ्वी पर तुम्हारा जीवन कभी व्यर्थ नहीं जाएगा। आज के बाद इस पृथ्वी पर जहाँ भी मेरी कथा होगी, तुम वहाँ पर उपस्थित रहोगे और इस संसार में लोगों के दुःखों को दूर करते हुए सदैव मेरे नाम का गुणगान करते रहोगे।'

प्रभु का वरदान पाकर हनुमान बहुत प्रसन्न हुए। अजर-अमर होने के बाद भी हनुमान कभी श्रीराम की भक्ति से विमुख नहीं हुए। आज भी इस भूलोक में जहाँ कहीं भी रामकथा होती है, वहाँ किसी-न-किसी रूप में हनुमान अवश्य उपस्थित रहते हैं।